AF344755

Rémi Mogenet

Chants et conjurations
Poèmes

Les éditions de l'oeil du sphinx

Le Code de la propriété intellectuelle n'autorisant, aux termes de l'article L. 122-5, 2 ° et 3 ° a), d'une part, que les « copies de reproductions strictement réservées à l'usage privé du copiste et non destinées à une utilisation collective » et, d'autre part, que les analyses et les courtes citations, dans un but d'exemple ou d'illustration, « toute représentation ou reproduction intégrale ou partielle faite sans le consentement de l'auteur ou de ses ayants droit ou ayants cause, est illicite » (art. L. 122-4). Toute représentation ou reproduction, par quelque procédé que ce soit, contribuerait donc à une contrefaçon sanctionnée par les articles L. 355-2 et suivants du Code de la propriété intellectuelle.

© 2020 Les éditions de l'oeil du sphinx
ISBN : 978 - 2 - 38014 - 027 - 9
EAN : 9782380140279
Collection « Les Inclassables de l'ODS »
ISSN de la collection : En cours
Dépôt Légal : Octobre 2020

Mise en Page : Sabina Pamies
Illustration de couverture Marie Maître ©

Préface

Qui ne voit ni anges ni fées a perdu son regard. Ne le cherchez plus au Bureau des objets non-trouvés, la poésie est là pour vous le restituer. Encore faut-il la lire, la sentir, l'écouter, la palper. L'Epoque la dissimule sous ses oripeaux de bruits. Elle reste pourtant à portée de cœur, vivante comme le murmure du ruisseau. Saisissez-la et entrez dans sa danse.

Pour guider vos pas, le poète Rémi Mogenet sera le maître de ballet, par la grâce de ses *Chants et Conjurations*.

Dansez, dansez, dansez et vous remonterez à la source de la vie comme un saumon sacré ! C'est là qu'elle se fabrique, la vie, dans les forges de la poésie. Ce mot dérive du verbe grec poiein qui signifie « créer », « faire ». La poésie est donc l'inspiration première de toute création, qu'elle soit divine ou humaine.

C'est elle qui peuple et anime le « monde imaginal ». Décrit par le philosophe et orientaliste Henry Corbin, cet univers se situe entre le monde des idées et le monde des sens. Il permet le passage de l'un à l'autre (et de l'autre à l'un !) en cultivant cette faculté que nous sommes toutes et tous capables de développer : l'« imagination créatrice » que l'on peut aussi nommer « puissance poétique ».

Il faut se garder de confondre l'imaginaire qui reste dans l'irréel et le fictionnel, voire la fabulation ou le délire avec l'imagination créatrice (qualifiée aussi d'« active » ou « agente »). Il s'agit d'une faculté cognitive de plein droit. L'imagination créatrice ou puissance poétique donne une figure, une dimension, un rythme, un visage aux archétypes qui structurent l'âme humaine. Elle rend visible l'invisible. Elle permet à l'idée de prendre corps ; à l'inverse, par elle, le corps peut remonter à l'idée qui se situe dans le monde de l'esprit.

Nous créons chaque jour, peu ou prou, un monde imaginal par notre imagination créatrice. Nous sommes toutes et tous des poètes, en puissance.

Certes, la poésie aujourd'hui n'a plus mauvaise presse, elle n'a plus de presse du tout. Elle n'est même pas détestée, méprisée ; l'actuelle société médiamercantile l'ignore. Engluée dans sa fange où elle croit vainement y dénicher des pépites, elle ne saurait que faire de la poésie. Et réciproquement. Entre les deux, il y a incompatibilité de nature.

La société médiamercantile se décomposera un jour ou l'autre, comme celles qui l'ont précédée. Alors que la poésie demeure au fil du temps. Elle était déjà présente dans les grottes préhistoriques où nos ancêtres captaient leurs songes pour les transcrire sur les rochers ; elle perdurera bien au-delà de nos existences.

Dans son bel ouvrage, Rémi Mogenet nous fait partager, en pleine fraternité, son monde imaginal. Vous y ressentirez cette effervescence amoureuse où les Saints caressent les seins des fées pour l'éternelle étreinte qui entretient le feu divin.

En virevoltant sous les violons des lutins, vous apercevrez Rahan, Superman, Tarzan et Jane, des guerriers d'or revêtus, mais aussi François de Sales et Kafka. Doux Evêque pacificateur de fantômes qui reconnaît sa Dame sur les rives du lac d'Annecy ou prophète qui décrypte les nuages de plomb au-dessus de Prague. Lorsque tout est illusion, seuls les mythes portent le réel. Le reste n'est que métaux rouillés.

En ce bas monde, la poésie est le seul acte révolutionnaire possible. Les images qu'elle trempe dans ses forges donnent au rêve ce corps qui lui manque. Et il faut un corps puissant pour jeter bas cette matière qui s'est assise de tout son poids sur notre poitrine. L'actuelle pandémie au Covid-19, en s'attaquant au système respiratoire, apparaît comme le symbole universel de cette société à bout de souffle.

Le retrouver, notre souffle... Longue marche fouettée de vents contraires, âpres combats contre les ombres, chausse-trappes au tournant... Tout peut arriver, le meilleur comme le pire. Reste l'espérance sans illusion comme le suggère ce vers de *Chants et Conjurations* : « Chevaliers du futur, vous reviendrez peut-être ».

Jean-Noël Cuénod

Jean-Noël Cuénod, né en 1948 à Genève, ancien journaliste à la *Tribune de Genève* correspondant à Paris, a écrit de nombreux ouvrages de poésie, qui ont plus d'une fois reçu des prix prestigieux. Il a aussi reçu plusieurs hommages pour son travail de journaliste et de spécialiste des questions liées à la laïcité. Il tient régulièrement un blog très visité, souvent répercuté par la presse française.

Le ver ennemi de l'âne

Ver qui rampe, invisible et vif,
Ta volonté te meut vers l'âne :
Dans son ventre ton venin âcre
Se répand, pour ton seul plaisir.

Animé par l'ombre du sol,
Aux fleurs du printemps tu te mêles ;
Formé par les fontes des neiges,
Et cherchant à faire du tort,

Te lance le long de l'arbuste
Un gnome dont l'âme est déchue
Et qui hait ce qui vit dans l'air.

Le paysan réclame un ange :
Grâce à l'éclair que son œil fait,
Le ver tombera de la branche !

Les vers ennemis de l'âne
Version longue, en alexandrins

Vers qui rongez par les entrailles tous nos ânes
Et naissez de l'arbuste à la triste faveur
D'astres qui vont perdant leurs rayons diaphanes
En se laissant percer le sein par l'œil des crânes
Que la vie a remplis de haine et de rancœur ;
Bêtes dont la croissance est source du malheur
Dont se plaint l'être humain qui veut passer le soc
Dans son sol qui durcit sous le poids des abîmes
- Le paysan qui veut qu'à nouveau vers les cimes,
Les fruits de l'existence, à chaque chant du coq,
S'élancent en luisant dans l'air et sur le roc,
Contenant le feu pur des étoiles sublimes
Que relaie un soleil qu'à jamais la vie aime - ;
Larves de la ténèbre, égouttement des nuits,
Incarnant la sueur pâle et morne des puits ;
Réceptacles sans nom de la force que sème
Le démon ligoté dans le gouffre - au teint blême - ;
Ennemis du baudet, vos dieux se sont enfuis !
Sans retard, empruntez leur immonde chemin,
Que le feu bienfaisant que tout astre diffuse
Vous brûle les talons, et que maint éclair fuse
Pour détruire votre ombre et détourne sa main
Du travail courageux que fait le bras humain,
Lorsqu'il plante des fleurs dans ce monde qui s'use !
Que la lumière enfin de ce ciel sans limite
Qui toujours scintilla sur les cœurs innocents,
Que son éclat sans pair sur les buissons bruissants
Place partout cet or qui met toute ombre en fuite,
Que la couleur jaillisse, et qu'un ange suscite,
Pour nos ânes gentils, les bourgeons nourrissants !

Telle est l'humble demande exprimée en ce jour,
Ô anges qui maniez la roue étincelante
De la nuit et des cieux. Que ce chant que je chante
S'accorde aux instruments dont vos doigts pleins d'amour
Jouent pour que l'univers fasse en entier son tour
- Et parcoure sa ronde et comble toute attente.
La destinée immense est entre vos mains d'or.
Les êtres étoilés montant l'échelle sainte,
Puis la redescendant, prennent dans une étreinte
La prière enfiévrée et défiant le sort
De l'âme pénétrée - alors que vient la mort -
De la beauté du monde, et libre de sa crainte.
Ils reviennent bientôt, porteurs du grand cadeau,
Qui brille à tous les yeux, qui place dans l'air lisse
Les parfums inconnus, plus divins que l'épice
D'un temple au sein duquel un être noble et beau
A daigné diffuser le radieux tableau
De son jardin céleste. Oh ! qu'ainsi l'on agisse !
Que les dons des hauts cieux, que les grâces sans nom
De l'Empyrée et l'âme étincelante et pure
Dont s'emplit chaque année en riant la nature,
Se déversent sur moi, faisant fuir tout démon !
Que ces présents, tombant soudain dans un frisson,
Rendent mon existence à la fois bonne et sûre !
Si j'en suis digne, ô tel est le vœu que mes mots
Vont emportant dans l'air, et que le vent limpide,
Qui traverse le ciel ainsi qu'un feu rapide,
Placera devant l'être entouré de héros
Qu'ont chanté mes aïeux, dans la nuit des hameaux
Qu'ils ont jadis connue, en leur montagne aride...

La fontaine prophétique

Imité de Robert Marteau

La fontaine devant la maison coule comme
Un flux incessant dans l'éternité ; de l'herbe
Expose devant le bassin des marguerites
Dont s'exhale un parfum doux : blanc sur vert, sous un
Ciel bleu où passent des nuages lentement.
Et dans la prairie au loin les buses tournoient
Sans répit, cherchant des mulots où la charrue
Est passée. Alors, on entend les enfants rire,
En cet été où la pluie a purifié
L'air de ce jour limpide - mer de cristal sous
L'étoile où se montra l'Enfant Jésus, auquel
Thérèse Martin s'est vouée en Normandie :
On croirait l'apercevoir comme fit Virgile
Par son don de prophétie, en ses *Géorgiques*.

La Légende du bienheureux Ponce

Notre heureux Ponce avait sur lui
Les bijoux scintillants des anges :
Ils brillaient jusque dans la nuit.
Face à ces lanternes étranges,
Les démons fuyaient, dépités.
Plus tard, on vit les émeraudes
D'un gros ver vert, vers les cités
Luire aussi : les haleines chaudes
Du monstre faisaient dépérir
Le peuple saisi d'épouvante.
Le saint sans tarder fit mourir
Cette créature rampante :
De sa main claire, un brusque éclair
Surgit : le ver fut mis en pièces.
D'un grand hurlement s'emplit l'air.
Bientôt les maux dans le val cessent :
Le serpent se mêle à la terre !
De sa plaie énorme le sang
Jaillit : c'est une eau de lumière
Qui étincelle à tout instant.
Quand on en boit, vient la jeunesse,
Le malade est soudain guéri :
La source qui jamais ne cesse
Est celle d'un mage béni !
L'œil encor souvent y contemple
Un rai d'étoile - un diamant
Laissé par un ange du temple
Qu'on a bâti : il va semant,
Au cours de sa lente descente,
Des astres de sa main d'argent :
Le pays fleurit, et le chante
        Toute la gent !

La faille

Une sourde terreur me saisit quand je vois
S'écarter sous mes pieds les deux pans d'un sol mort,
Alors que la cité subit l'immonde sort
De celles dont les dieux ont dû chasser les rois.

Les pilleurs ont volé sans vergogne son or,
Ce qui la faisait vivre, et les lois sans garants
Ont disparu ; on voit ramper jusqu'à des gens,
Et des anges sans tache ont repris leur trésor :

L'âme, qu'un demi-dieu, par ses charmes sublimes,
A déposé jadis, quand il a pris des cimes
Où sont les immortels un germe de fleur sainte,

Et qu'il en fit un arbre aux fruits étincelants,
Pour nourrir tout un peuple. Or, la lampe est éteinte,
De ce chêne magique, et ses glands sont sanglants.

L'invasion des vers

D'une fissure au sol vont jaillissant des vers
Qui sont plus grands que des sapins sur la montagne ;
Ils vont tout dévorant, infestant la campagne,
Chevauchés par des morts revenus des enfers.

Mon cœur bat à tout rompre, et ma terreur est forte :
Je vois la fin du monde, et tout plonge en l'abîme ;
Les palais les plus beaux, dont s'orne chaque cime,
En ce pays de dieux, choient vers la terre morte.

Où sont les héros d'or, qui jetaient des éclairs
De leurs mains que gantaient, scintillants dans les airs,
Les anges qui forgeaient les armes des vrais rois ?

Ils sont loin : tous partis dans les temps à venir ;
Mais l'on dit que bientôt, pour ramener des lois,
Ils franchiront un seuil sacré, qu'on doit bénir.

Les chevaliers du Futur

Chevaliers du futur ! vous reviendrez, sans doute,
Portés par des vaisseaux qui franchiront l'espace,
Remonteront le temps, sans y laisser de trace
Autre qu'un sillon d'or qui sera notre route.

Comète qui descends parmi les astres vifs,
Tu parais cette nef qui contient ces saints anges
Qu'on dit vêtus d'argent, et, par des biais étranges,
Nés d'hommes qui jadis, entre deux fiers récifs,

Devinrent si parfaits qu'ils furent mis aux cieux,
Ayant passé le seuil de la porte des dieux,
Étant entrés dans l'aire où demeurent les fées :

Nommés gardes de prix, sempiternels du lieu,
Ils pensèrent à ceux dont les âmes sauvées
Pourraient un jour loger dans leur beau palais bleu…

Olor

L'aube à présent sème aux vents ses cent roses :
Au fond du val tombant, elles se posent
Sur du cristal dont s'élève un brouillard ;
Là le soleil redevient sur l'argent
Cet orbe d'or qu'un ange alla forgeant
Et dont les feux sont du monde le fard.

Sur le lac pur, sous des monts d'émeraude,
À l'heure où l'eau paraît être plus chaude,
Un cygne glisse et s'avance sans bruit ;
Il vient des bords où l'on voit des roseaux,
Et son éclat, en nageant sur les eaux,
Rend pâle un jour soudain tel que la nuit.

Sous son plumage illuminant les airs,
Naissent des feux dorés sur les flots clairs :
Son corps y fait des sillons de lumière.
L'oiseau n'est pas de l'univers mortel :
Il a franchi le seuil d'un portail tel
Que sa clef seule a le prix de la Terre.

Vision d'un beau paysage

Ce charmant paysage à mes yeux éblouis
Rayonne de verdure et de fleurs scintillantes ;
Soudain à mon regard se sont évanouis
Les soucis incessants de mes nuits éprouvantes.

Les anges dans le ciel de leurs ailes de feu
Descendent en chantant me livrer un message…
Ils parlent doucement, pour m'annoncer qu'un vœu
Que je ferais alors serait celui d'un mage :

Il ne pourrait que s'accomplir dans peu de temps,
Car mon âme est bénie, et mon cœur au fond brille.
En vérité, pour y penser, mis-je longtemps ?
Encore à mon esprit une image scintille :

La fée à l'œil d'étoile apparaît devant moi,
Nue et riante, et ses deux bras blancs comme neige
Vont tendant vers mon cœur ses mains qui font tout roi,
Effeuillant au front l'or qui à l'âme s'agrège.

Pentecôte

Je suis au bord du gouffre et je pourrais mourir
Ce soir ; car mon amour voudrait m'abandonner
À jamais. Je n'aurais alors qu'à me tirer
Un coup de pistolet dans la tête et dormir.

Ces beaux moments vécus jadis dans l'espérance
Seraient tous abolis ; ce serait mon désastre.
Il demeurerait d'eux ce qu'il reste d'un astre
Quand il s'est effondré dans quelque gouffre immense.

Hélas ! est-il possible, ô dieux, vous que j'adore,
Que ce jour soit celui (faut-il y croire encore ?)
De mon salut, que vous fassiez quelque prodige ?

Se peut-il que vos cœurs agissent pour le mien,
Que les feux de vos yeux, de mon sang qui se fige,
Enflamment à nouveau l'essence pour mon bien ?

Après avoir, une nuit, écrit ce poème, je me suis rendormi. En me réveillant, j'avais un mot sur le bout des lèvres, bien que je ne comprisse pas pourquoi, ne me souvenant plus d'aucun rêve : Pentecôte. *J'ai plus consciemment traduit :* Langues de feu qui descendent.

Le Taureau cosmique

Airain cornu, airain vivant, ô réceptacle
De forces dont l'éclat rayonne dans les monts,
Tu t'avances, luisant sous les soleils de plomb,
Pour brouter l'émeraude, étoilée au pinacle.

L'or de tes deux croissants, surgissant de ton front,
Luit des clartés du ciel, des astres qui scintillent ;
Les sylphes en tournant, en cent vols qui frétillent,
Déposent sur ces pics la flamme d'un feu blond.

Le géant qui sommeille au-dessous du sommet
Étend son ombre obscure et son âme se met
Dans le corps du taureau, le mouvant, comme en rêve ;

Il reflète l'argent dont brille un fils des dieux :
Il s'entoure d'éclairs montant comme une sève
Dans ses membres qu'affronte un ange au fond des cieux.

Les Rimes de Samavald

Écoutez un matin de l'Ancien des Montagnes !
Dès que l'aube enchantée eut surgi dans ses roses,
Il montra son bel œil qui sur l'or des campagnes
Envoyait des rayons dissipant l'ombre rose.

Annonçant le Soleil en deçà des sommets,
Il jeta dans la place un feu digne des anges,
Et sourit en voyant les fées qui se pâmaient
Sous l'éclat ondoyant de ses regards étranges.

Samavald ! Samavald ! Toi, prince de ce val
Que baigne un cristal pur, Samavald, ton corps luit,
Ton abord nous envoûte, et ton œil sidéral
Trouble les fées de l'air, dont la troupe alors fuit !

- Tel fut le joyeux chant des souples Immortelles,
Qui feignaient de s'enfuir, puis revenaient, tout près,
Danser autour de lui ; et leurs pieds munis d'ailes
Glissaient en chœur sur l'air demeuré pâle et frais.

Leurs mains jetaient le flot scintillant de rosée,
Et comme illuminaient le cercle où s'avançait
Le roi de la montagne ; et la fleur arrosée
S'ouvrait en un éclair, quand ce prince passait !

Samavald, Samavald, ton château se dressa.
Un dieu le foudroya, la montagne aussitôt
Remplaça ce palais, que maint âge lissa
Dans l'ombre où luit ta lampe. On le verra bientôt.

Menhirs

I

Les fées, en allant d'est en ouest,
Laissèrent derrière elles
Des rangées de menhirs ;
Chacun de leurs pieds,
En achevant sa course,
En se posant à terre,
Fit naître
Un pâle écrin.

II

Les menhirs,
Œufs des anges,
Éclosent
Dans l'éther ;
Fées des rois,
Elfes des reines
Sont sortis,
Luisant.

III

Des astres tissèrent
Des cocons ;
Leurs larves devinrent
Nos menhirs.
Un jour

Des anges
En sortiront,
Ailes éployées.
La terre se brisera,
Le mer soulevée
L'emplira.
Ô mystère !

IV

Géants figés,
Armée de pierre,
De vous les anges
Firent les hommes
Qui régnèrent.

*Carnac, le IIe Jour de la Lune d'Auguste l'Empereur,
an MMVII.*

Le gouffre d'éclairs fins

L'argent dont se remplit la mer en ses flots purs
Luit au soleil et lance au-dessous de la lune
Mille éclairs : leur naissance au sein des flots obscurs
Se reflète bientôt aux coteaux de la dune.

Ô pâle vie au sombre fond des bleus abîmes !
Ô tissu rayonnant d'éclairs fins - qui s'allume
Et remonte en roulant sous la vague et ses cimes
Jusqu'à se faire d'or lorsqu'il sort de l'écume !

Qui prétend que cette onde, abritant dans ses fonds
Plusieurs monstres sans nom, aux yeux noirs et profonds,
- Qui soutient que la Mort seule habite ses vœux ?

Qu'on se détrompe, ô Peuple ! et qu'on voie, à présent,
La ténèbre se rompre et se percer de feux
Dont maint gouffre sous peu sera vu s'irisant !

Les plaisirs de la mer

La mer avec plaisir accueille du soleil
Les mille diamants dont il peut faire don.
Elle sourit sous sa caresse et son sommeil
De rêves rougeoyants illumine son front.

Qui put donc soutenir, placé face à son onde,
Qu'elle songeait d'abord à trahir son amant ?
Le bonheur dans ses yeux se reflète et profonde
Est sa joie, - en son flot de clarté s'abîmant.

Roulant le pur éclat que vont créant les fées
En dansant sur sa vague et ses masses cuivrées,
Elle abreuve son corps et ses peuples de l'or

Le plus étincelant qu'on puisse imaginer ;
Les astres vont formant le chœur de ce trésor
Qui s'anime et que rien ne put jamais miner.

Rahan

Rahan, génie, héros de ces âges barbares
Où l'homme de sa main devait se protéger
Du mammouth - l'assaillant afin de le figer
De sa lance à la pointe en silex dans les mares
Qui partout s'étendaient en ces temps de vapeur -,
Guerrier nu, chasseur blond : dans la steppe infinie,
Errant dans les bois noirs et sur la pierre unie,
Tu choisissais la route invisible à ton cœur
En plaçant sur la pierre un couteau qui tournait.
Il luisait à ton œil qui le questionnait,
Et du hasard t'apparaissaient les décrets graves !
Vers l'horizon levant ton regard incertain,
Tu voyais une étoile au sein du ciel lointain,
Et tes pas la suivaient au son de chants suaves.

Superman l'Invincible

Un beau soir m'apparut Superman l'invincible
Et sa cape vermeille illuminait la nuit
C'était le fils du ciel : d'une étoile qui luit
Il était descendu dans un brasier terrible.

La bonté l'habitait : pour faire à tous justice,
Jamais il ne dormait ; son cœur veillait toujours.
Solitaire il fuyait la joie et les amours,
Des vains plaisirs du temps faisant le sacrifice !

Ah ! l'âge était heureux, qui voyait tous ces anges
Surgir du sombre espace et d'astres inconnus
Pour guider de leurs mains les cœurs pâles et nus
Des peuples égarés sur des chemins étranges.

S'incarnant sur la Terre, abandonnant le trône
Qu'ils avaient occupé dans le ciel attristé,
Leur amour les porta vers cette humanité
Qu'oppressait le démon à l'œil rieur et jaune.

Ô les dons surhumains mis à notre service !
Ces héros, dont le corps et les membres dorés
Étaient ceints d'une soie aux reflets mordorés
- Ces demi-dieux vaillants -, ils haïssaient le vice,

Et voici ! de leurs bras ils envoyaient la foudre,
Et les monstres affreux de l'abîme sans nom,
Les êtres infernaux infestant l'horizon,
Lorsqu'ils dressaient le front étaient réduits en poudre !

Où sont-ils, à présent, ces héros de nos fables ?
- Ils se cachent dans l'ombre, à l'abri des vapeurs
Que les vices font naître au fond obscur des cœurs.
Ils songent au futur, aux gestes formidables

Qu'ils devront accomplir pour que l'homme revive,
Pour qu'il accède aux cités d'or du lointain ciel,
Attendant l'heure sainte où soudain l'Éternel
Les fera ressortir et franchir l'âpre rive

Qui sépare leur grotte étoilée et occulte
Du monde que connaît l'homme lorsqu'il fait jour
- Car dans son lourd sommeil il se joint par l'amour
À la terre sublime à l'abri du tumulte,

Où dans un jardin vert va demeurant son ange -,
Et les héros devront, quittant leur porche saint,
Venir jusqu'à l'empire effrayant et malsain
Qu'occupent les mortels - pour qu'enfin leur sort change.

Les fées de Vouan

Au Vouan les fées se cachent sous la roche ;
Leur cité d'or se tient sous la montagne.
Quand vient Noël soudain s'ouvre une porte
Qui montre aux yeux la splendeur et la flamme.

Jadis plus d'un, croyant voir un trésor
Luire à portée, a mis toute son âme
À s'emparer d'escarboucles énormes
Qui ressemblaient à de grandes étoiles !

Hélas, sur eux se sont closes les grottes :
Des profondeurs ceux qu'on nomme les Orcs
Ont étiré leurs griffes pour ces hommes.

On les entend gémir par les fissures :
Quel ange un jour viendra, dans maintes lunes
Les arracher aux villes disparues ?

Haïku

Les amis sont des pétales
 Voguant sur les flots :
Les heures leur sont fatales.

Colonne sur le mont-Blanc

Mont-Blanc, on a vu des gens feindre
De pouvoir en ton cœur t'atteindre
En gagnant ton sommet ultime ;
Mais sur ta véritable cime
Qui put se tenir ici-bas ?
Qui put saisir ces purs éclats
Que de la gorge on croit qu'on voit,
Et qui semblent d'un dieu, d'un roi ?

Une femme à l'œil voilé trône
Au sommet de ce mont, et jaune
Est la lumière environnante,
Et d'or sa couronne brillante !
Son sceptre lance mille feux
Que semblent lui prêter les cieux.

Car c'est la Fée aux cent légendes !
Son esprit plane sur la lande...

À son front est un léger voile
Qui cache une luisante étoile :
Fut-elle aperçue un matin ?
Devant elle quel œil se teint
D'éclat soudain ? Qui reconnaît
Dans son sein cet astre dont naît
Ici-bas mainte couleur vive ?
On croit là-haut n'être qu'aux rives
D'un monde obscur, ou d'un noir gouffre,
D'un abîme d'azur où souffre
L'âme prise aux rets des nuées.
Et pourtant, même sous les huées

- Sous le cri moqueur des rapaces -,
Voyez ! le bleu que ces voraces
Vont happant comme un gâteau d'or,
- Cet azur brille d'un trésor
Plein d'amour. La glace en jaillit,
Inlassablement la vomit
Le sommet, en deçà de l'or ;
Mais on ne connaît pas la mort,
Dans le royaume de la Fée !

Une fleur qu'un sage a rêvée
S'y tient, lumineuse et teintée
Des sept couleurs qui sont ôtées
Aux cieux pour que vive la Terre :
Cette rose est ce qu'on révère
Depuis mille ans ! Sa nymphe pure
Est reine en l'éther. La Nature
S'anime sous ses feux. Le soir
S'éveille sa joue, et le noir
Est vaincu par son belle éclat.

Jadis Gœthe même en parla :
De son sein profond le rayon
Vient et forme au cœur du million
D'étoiles du ciel, la colonne
Qu'empruntent, sans qu'ils s'en étonnent,
Les Saints qui montent vers les cieux,
Les Anges qui luisent aux yeux.

Là se voit le seuil, et la Fée,
Avec sa troupe bien armée,
Le garde près d'un chevalier
Qui guette au loin chaque palier
Que prétend franchir l'alpiniste.

Aussi, bien peu longue est la liste
De ceux qui forcèrent la porte !
Qui put vaincre cette cohorte ?

Le pressentiment en fut grand
Chez Balmat, ou Saussure quand
Le dôme blanc fut d'eux atteint ;
Mais brusquement le Ciel s'éteint,
Quand on le touche avec des doigts
Que le charbon des lieux étroits
Qui constituent la Terre couvre :
Au seul toucher du cœur il s'ouvre !

Fée du Lac

Marchait sur l'eau la femme à l'œil luisant ;
Aux rayons de la lune il fulgurait.
Depuis mon frêle esquif mon cœur était
Stupéfait, et mon regard s'irisant
La regardait ainsi qu'un astre pur.
Je me disais que quelque extraterrestre
Était venu, glissant du flanc alpestre
Depuis sa base au sommet du mont-Blanc ;
Ou bien était-ce un divin goéland
Pouvant par son artse changer en femme,
Puisqu'à son épaule une aile de flamme
Se faisait voir à mon œil ébloui ?
Un seuil du monde avait été franchi ;
Des spectres argentés et colorés
Paraissaient avoir été libérés
De la chaîne d'airain qui maintient close
La porte sombre où pâli se repose
Le peuple fée - jadis pareil aux dieux,
Et vénéré comme si des hauts cieux
Ils étaient arrivés pour que les hommes
Fondent à volonté de vastes Romes.
Pour moi ce signe avait-il été mis ?
Ou bien un souffle étrange été émis
Pour Annecy et son peuple égaré
Pour qu'il suive à nouveau le fil doré
De la vertu, du cœur et de la vie ?
La fée était de chevaliers suivie
Et leur marche assurée à la fleur claire
Des flots mouvants laissait de la lumière
Derrière elle, ainsi me manifestant
Leur véritable essence, et me disant

Ce qu'ils étaient : les valeureux génies,
Par les volontés d'en haut aplanies
Autorisés à revenir sur terre !
Ces princes de l'empire élémentaire
Pouvaient briller à nouveau sous le ciel,
Remontrer aux mortels leurs yeux de miel ;
Rouverte était la porte, et la cité
Humaine avait nouveau droit de cité,
Pouvait prétendre être amenée en haut
Par l'avant écumeux de son bateau,
Par l'entreprise ardente et la plongée
Des mains de feu dans sa flamme imagée,
Si son point final était l'astre ultime
Qui brille au fond de l'indicible abîme
Et vers qui tous les cœurs, comme à leur bien,
Tendent par l'amour qui partout les tient.

Ode à François de Sales

On dit du bon évêque, on dit de saint François
Qu'il chassa des maisons bien des gnomes rieurs ;
Par le pur rituel les atteignant au cœur,
Il soumit les démons les plus noirs à ses lois !

Un ange se plaçait dans ses membres mortels ;
Et ses mains saisissaient les monstres invisibles,
Quand le saint les lançait, ainsi que vers des cibles,
Sur le mal qui grouillait comme l'âme des fiels.

On voyait au-dessus de son crâne luisant
Le panache de feu et chaque œil s'irisant
- Ou semblant un soleil - de l'être des hauts cieux ;

Et les spectres fuyaient à sa sereine approche !
Le calme et la vertu scintillaient dans les yeux
- Et l'éther résonnait des sons dorés des cloches !

Vision

Près du lac qui murmure et debout sur ses bords,
Une fée éthérée avait des cheveux d'or.
Le vent tournait autour de son corps de cristal
En créant avec force un rayon sidéral.
En flamme fut soudain sa belle chevelure,
Et se mit à briller la boucle à sa ceinture.
Le voile qui l'ornait se chargea d'étincelles ;
La lumière autour d'elle a déployé des ailes !
La nuit était tombée, et dans le ciel la Lune
S'obscurcissait, prenant la couleur de la prune,
Tandis que l'immortelle aux yeux jeteurs de foudre
D'un seul geste changeait en or jusqu'à la poudre.
Ses membres traversés de sillons de clarté
Semblaient avoir du ciel par miracle capté
Les feux, et j'aperçus même plusieurs étoiles
Que portait un zéphyr qui soulevait ses voiles
Se poser sur sa main ouverte pour attendre
Cette neige étonnante et cherchant à s'y rendre.
Son aura scintillait dans l'éther de couleurs
Qui s'assemblaient en arcs traçant dans les hauteurs
Des chemins salvateurs menant au divin règne
Et que toujours fait rajeunir le dieu qui saigne.
Ensemble ils se plaçaient pour former le grand pont
Dont l'accord idéal brilla dans la chanson
Du véritable aède au temps des origines,
Du scalde sans défaut à l'âme cristalline.
Le long de ces sentiers, et autour de la belle,
Des anges se voyaient, pleins de feu dans leurs ailes.
Hélas ! tant de beauté créa dans ma poitrine

Le feu qui met le cœur et la tête en ruine.
La folie épandit son funeste réseau
De monstres grimaçants au sein de mon cerveau !
Sans tarder mon désir me poussa vers les ondes :
Je voulais me noyer pour m'affranchir des mondes
Dont venaient des horreurs qui me riaient au nez ;
Mon désespoir rendait tous mes sens étonnés :
Je ne distinguais plus la nature ordinaire
De l'univers où l'ombre ainsi que la lumière
Sont des êtres vivants qui s'affrontent sous l'œil
Luisant d'un dieu qui trône au-delà de tout seuil.
Mais la fée avança son pas léger et sûr,
Sans que dans l'eau s'enfonce en rien son pied plus pur
Que ne l'est la clarté de la neige au soleil.
À ce prodige un autre a-t-il été pareil ?
Elle arriva bientôt, en marchant sur les eaux,
À ma portée, et mit sa main sur mon front chaud ;
Une douce fraîcheur l'emplit et la raison
Me revint comme fait toujours une saison.
Son sourire et l'éclat de son regard auguste,
Et le souffle embaumé qui la gonflait au buste
Et m'envoyait des parfums en sortant de sa bouche,
Ramenèrent la paix dans mon âme farouche.
Glissant alors sa main légère et de cristal
Dans la mienne lourde, elle fit un signal
De l'autre, et soudain, un vaisseau de lumière
Vint du ciel l'entourer d'une étrange bannière.
Elle rit, et je vis ses membres disparaître
Dans un tourbillon noir qui les porta peut-être
Vers le monde infini qu'habite au loin son peuple
Dont chaque jour hélas ce siècle se dépeuple :

Sa grâce pour toujours s'estompe et quitte l'homme,
Qui doit la regagner par la nouvelle Rome
Qui se construit aux cieux par les Saints qui la font
Lorsqu'ils donnent leur vie à se rendre féconds.
Je voudrais voir les murs faits de gemmes brillantes
De cette ville aux tours sans nombre et scintillantes,
Et là me faire aimer de la fée incroyable,
Entendre son doux rire et constater palpable
Le feu de son regard sur mon visage indigne,
Et son haleine exquise, et l'auréole insigne
Dont se nimbe sa tête étendre son éclat
Jusqu'à me ceindre et fondre en un grand feu grenat,
Où l'oubli de ma peine et de mon triste ennui
Soit scellé par le cœur de l'amour et son fruit.

La fleur perdue

Dans l'arbre l'éclat captif
D'un astre
Est la fée au regard vif ;
Le tronc, étrange pilastre,
Soutient le feu
Dont s'accomplit l'ancien vœu :
La fleur
Fait renaître la couleur
Que l'on croyait disparue
- Perdue.

Ange-mage

L'éclat captif de l'astre luit
Entre les feuilles de cet arbre :
Est-ce la fée, ou l'ange-mage
Qui fait bientôt gonfler le fruit ?

L'éclat captif de l'astre luit
Entre les feuilles de cet arbre :
Est-ce la fée, ou l'ange-mage
Qui fait bientôt gonfler le fruit ?

La lumière captive

Dans l'arbre la lumière
Se rend captive,
Courant entre les feuilles,
La teinte vive
Donne aux fleurs son éclat,
Tandis qu'aux cieux
Un astre qui l'envoya
Brille à mes yeux.
La loge est d'émeraude,
Pour cette fée
Dont les fruits s'arrondissent
- Grotte scellée.

L'ange et l'arbre

Dans le Ciel luit un ange ;
L'arbre est aimé,
Et, montant dans les flammes,
Son fruit semé :
Ainsi vit l'être humain,
Mais renversé,
Et ce socle secourt
Son cœur brisé.

Le chant des alpinistes à venir

Notre équipe est complète et tous ici sont prêts ;
Nous pouvons à présent monter jusqu'à la cime
Et gravir les rochers qui surplombent l'abîme ;
Bientôt s'éclairciront pour nous les vieux secrets.

Au fond de la lumière, en haut de la montagne,
Un visage de feu paraîtra pour parler !
Les mystères soudain pourront se révéler,
Chaque ange se montrer à l'œil qu'il accompagne.

Comme au sein d'un beau rêve, on verra se tracer
Dans l'air des lignes d'or, et le ciel s'iriser
Jusqu'à représenter des figures divines

- Et l'avenir viendra se peindre sous nos yeux,
Et les champs étoilés, de sources cristallines
S'empliront pour porter sur des barges nos dieux !

Écume

L'écume a jailli,
Neige aux rayons du soleil
Que dissout la brise.

L'écume a jailli,
Neige aux rayons du soleil
Que dissout la brise.

Le centenaire du poète genevois

Cent années j'ai passé sur le pont sur le Rhône
Et l'eau coulait toujours, bleue, et des éclairs blancs
La traversaient, mystère étonnant des purs flancs
De ces anges de l'onde épaisse où quelque faune
Sous la forme d'oiseaux d'albâtre allait sans bruit ;
L'âme des fées sans ombre était-elle en leurs ailes ?
Quel joyau résidait dans les eaux immortelles
- Au fond de cet abîme, et luisant dans la nuit,
Tandis que dans le jour il restait invisible ?
Pourra-t-elle être un jour - cette énigme indicible -
Résolue ? Et l'esprit, pourra-t-il la percer ?
Dieu fasse enfin surgir en moi la vive image
De l'âme du Léman - que l'on puisse en tisser
La gloire inaccessible, au sein d'un prochain âge !

Reine des fées

Ô quelle est cette Dame au sein du monde bleu
Que l'œil de mon esprit soudain peut contempler ?
Et quelle est la blancheur qui pareille à du feu
Y dessine dans l'ombre un corps qui peut sembler
Le plus pur, le plus fin, le plus rempli de grâce
Qu'on ait jamais conçu, dont la forme idéale
De tout est le modèle, à tel point que sa trace
Se voit en toute chose, y compris les étoiles ?
Une étrange lumière est autour de ses membres,
Faite de rais d'azur, comme si son palais
N'était qu'un grand saphir serti dans un cœur d'ambre,
Et luisant de lui-même. Et la forme de lait
Du peuple qui là vit, de la Dame elle-même,
Est ceinte cependant d'un étrange fil d'or,
Comme un don qui bénit, comme prouvant que l'aiment
L'être pur du Soleil ou les rois des étoiles
Qui trônent dans les cieux, au sommet de la voûte
Qui recouvre la Terre et dont les fréquents voiles
Dissimulent l'essence aux yeux remplis de doute.

Et la Dame, en son monde inondé de feu bleu,
Se teint d'argent quand elle est sise en son vieux trône ;
Mais de l'or la couronne au moment où le dieu
Qui la chérit l'observe : un soudain éclair jaune
Va traversant sa tempe et brillant sur son front.
Devant elle dès lors, saisi de peur, de crainte,
S'agenouille en tremblant le ténébreux démon
Terrorisant jadis les hommes par l'étreinte
Immonde qu'il exerce à tout instant sur Terre ;
Attendant son désir il ne veut qu'obéir,
Car sa clarté le blesse, et le tue sa lumière :
Il pense retarder le moment de mourir.

Le retour au jardin

En ce jour je revis la femme que j'aimais
Dans un petit jardin qui sentait bon les roses ;
Ses longs cheveux dorés sur ses belles joues roses
Rappelaient ce doux temps où les astres brillaient.

Ses yeux étincelaient comme d'anciens soleils
Apparus au matin de ma verte jeunesse,
Et leurs rayons légers me rendirent la liesse
Qui conduisait mon cœur vers de divins éveils.

Mais sur son front plissé le souci par des rides
Assombrissait ses traits car l'âge avait passé ;
Et je pleurai moi-même en voyant l'air lassé
Que ses cernes faisaient sur son visage aride.

Mon corps fut traversé par un âpre soupir ;
Mes pleurs ont ruisselé dans la sèche poussière.
Les fleurs et le gazon ont surgi de la terre ;
Puis on vit revenir l'aube aux yeux de saphir.

Tarzan & Jane

Ô Tarzan, puissant prince, Achille de l'Afrique,
De grands singes parlants t'ont jadis élevé,
Et tu connais la langue étrange et fantastique
Des bêtes de la jungle, ainsi que l'ont rêvé
Tant de savants perclus dans des laboratoires
Et fuyant des conteurs les riantes histoires !
(Ils préfèrent scruter les étincelles d'or
Qui jaillissent d'un crâne au moment où en sort
La parole sans timbre et rugueuse des bêtes
Dont des fils ont lié l'une à l'autre les têtes :
Dans l'électricité croient-ils voir le prodige
De l'esprit qui s'exprime ! Et le fer d'une tige
Leur paraît contenir le mystère de l'âme.
Mais Burroughs en Tarzan vit une obscure flamme
Et voici que le mythe est plus vrai que les signes
Que la machine imprime en d'innombrables lignes !)

*
*   *

Jane aima le seigneur des singes dès qu'il fut
Face à ses propres yeux : son torse large et mâle
Brillait sous son regard émerveillé et pâle ;
Jusqu'au fond de son cœur, l'œil de l'autre l'émut.
Bientôt prise d'effroi son pas l'emmena loin :
Mais par les séquoias il la suivit sans peine ;
Et soudain devant elle il plaça son haleine
Et tous deux s'embrassant, ils churent dans le foin.
Telle fut la rencontre auguste et nécessaire
Des deux fameux amants ; les roseaux de l'étang
Bruissaient dans la douceur du flamboiement lunaire
Et leur tendre soupir encore au loin s'entend !

Prière à mon signe

Castor, Pollux, soyez pour moi bénins.
En haut du ciel, votre tissu d'étoiles
Brille sur moi, découvrant ses doux voiles,
Montrant le temple où sont mus les destins.
Que grâce à vous, quelque échelle descende,
Et qu'une porte enfin m'amène au seuil
De cet éclat dont s'inonde mon œil
Quand il pénètre au cœur de cette lande :
Là, les rayons de l'arc-en-Ciel entourent
Mille anges d'or qui volent et qui courent
Et dont le chœur va saluant les Dieux ;
Là, mille feux partent rendre propice
L'an qui s'annonce, au flot lourd de mes vœux,
Si ma prière atteint, des cieux, l'or lisse !

Voyage dans l'antique Thulé

En un voyage au pays du grand nord
J'ai rencontré bien des monts et des plaines;
J'ai contemplé des fleurs d'opale et d'or,
Des lacs polis dans des vallées lointaines.

J'ai visité le royaume des Pères,
L'Hyperborée où régnait Apollon,
Et la cité qu'inondait la lumière
A reparu sous les feux du dieu blond.

J'ai vu bientôt mes ancêtres partir
Sur des bateaux précédés d'un dragon,
Et dans le froid s'estomper et mourir
La ville d'or devenue un glaçon.

Dans l'air l'éclat s'en fut comme un éclair,
Et sous la terre, un feu pur mais gelé
Resta, luisant aux portes de l'Enfer,
Et figurant un seuil toujours scellé.

Mais d'Orient vint un autre soleil,
Et dans l'aurore à l'écharpe de roses,
Fut une fée au teint vif et vermeil,
À l'œil qui se reflétait sur les choses.

Sa chair de neige éblouissait la terre ;
Ce fut un rêve, et il avait pris vie ;
Un avenir qu'emplissait la lumière
Se dévoila, sans qu'à lui je me fie :

Car sous mes yeux se dissipa bientôt
Ce beau fantôme, ainsi que des nuages.
Depuis le Ciel, sur l'argent d'un canot,
Cet ange était venu du fond des âges ;

Mais il venait d'un avenir lointain
Pour m'annoncer qu'au sein d'une autre vie,
Dans mille années, ou au siècle prochain,
Je deviendrais un roi digne d'envie.

Pareil au dieu qui inspire à tout homme
Le sentiment d'amour, mon front luisant
Sera quelque astre en la nouvelle Rome
Vouée à moi ; tous l'iront adorant.

Sous un bras blanc qu'ornaient d'étranges plumes,
Je vis un trône, et dans une ombre blême,
Sa voix charmante emplit tout d'une écume
Qui me porta sur ce trône moi-même.

Ayant écrit tels mots de feu dans l'air,
Il repartit comme une fumée claire,
Et disparut au loin dans un éclair
Pour me laisser seul en pleine lumière :

L'idée en moi de sa présence auguste,
La forme nette et vivante de femme,
À la chair tendre, à l'éblouissant buste,
Brillait ; c'était une immortelle flamme.

Le savez-vous ? Cet être merveilleux
M'a embrassé : j'ai pris même sa bouche
Douce et suave, et nous fermions les yeux,
Pour mieux plonger dans l'étreinte farouche.

Je fus alors transporté dans les cieux :
Autour de moi scintillaient mille étoiles ;
Je fus saisi dans les augustes lieux
Où vont passant les dieux couverts de voiles.

Lorsqu'à la fin je revins sur la Terre,
Les yeux divins de la fée immortelle
Ont éclaté : s'ouvrant dans l'atmosphère,
Ils l'ont fait luire ; et la nuit devint belle,

Car le sourire étonnant de blancheur
De l'ange alors rendu palpable et ferme,
Fit d'elle un astre et je crus que mon cœur
Allait cesser de battre, et que le germe

De la mort même avait été placé
En moi, au sein de mon âme percluse,
Où la douleur n'a jamais plus cessé :
Hélas ! la fée est pour l'homme une intruse :

Sa beauté fine aperçue dans les rêves
Est un tourment dans le monde éveillé.
Mais c'est un signe, aussi : ses lueurs brèves
Brillent sur lui, qui reste émerveillé.

Au ciel la forme éblouissante et pâle
Est le regard de Dieu - l'ange qui garde
Tout mortel simple, et la main sidérale
Qui le saisit, le pur rayon qui darde

Du feu sur son chemin pour le guider,
Pour l'éclairer, l'emmener vers les sphères
Où l'attendra, pouvant même l'aider
À se changer en dieu (par des mystères

Qu'on ne dira pas ici) quelque mage
Venu du Ciel, trônant au sein du cercle
Où nul ne put jamais prendre de l'âge,
Car l'infini forme son seul couvercle :

On peut saisir par poignées les étoiles,
Quand on s'y trouve, et nul temps n'y demeure,
Sinon très lent ; l'on voit jusques aux voiles
Des nefs des gens luisants qui créent chaque heure :

Comment peut-on leur demeurer soumis,
Puisque de là, ces êtres merveilleux
Sont ressemblants à d'intimes amis,
Et qu'on perçoit jusqu'au feu de leurs yeux ?

Quoi qu'il en soit, chaque homme est sous un œil
Qui veille et luit, et souvent il rappelle
Celui qu'en rêve a porté, sur le seuil
D'un portail d'or, une étrange pucelle.

Lorsque je passe aujourd'hui sur la terre,
Quand je franchis la mer ou la montagne,
Ma fée aussi se montre, et sa lumière
À chaque instant mes lourds pas accompagne !

Fausse Électre

Fée, ô lumière pâle et furtive des eaux,
Isis, selon Hugo, s'effaça comme un spectre
Devant l'essence d'or de tes rayons nouveaux :
Même si quelques-uns te prennent pour Électre,
Et voudraient bien, ainsi, te réduire à ce rang,
Tu vis, puisque ton œil luit jusque dans mon sang.

La barque enchantée

Une barque d'ivoire était le long du bord ;
Sa voile était d'argent, et son mât était d'or.
Soudain, je vis surgir d'une brume étoilée
Une pucelle étrange, à la face voilée.
Son pied glissait au sol sans le toucher vraiment :
Et ses membres semblaient se mouvoir lentement,
Mais sa marche rapide amena d'un seul coup
Son corps devant la barque et sur l'embarcadère.
(Ce fut comme un éclair ; je me crus soudain fou.)
Or ses yeux autour d'eux jetaient de la lumière,
Et je tremblai de peur, car face à ce mystère
De la puissance auguste et presque toujours fière
Des immortels de la Terre, il est juste de voir
Sa fin possible proche. Pour moi dans l'air du soir
Résonna l'âpre chant de la folie abjecte,
Quand j'entendis la voix de cette fée suspecte
Fredonner un vague ordre à l'adresse du bois
Enchanté de sa barge.
　　　　　　　　　　　　Or, à présent, je vois
Son pied léger et fin se poser dans l'esquif ;
Et, merveille ! aucun poids, dans le bateau passif,
Ne paraît enfoncer la coque dans les ondes :
Nul mouvement dans l'eau. On eût dit que les mondes
Avaient forgé l'image éthérée et sublime
D'une déesse, et que l'air seul du poids infime
Gardait la trace. On vit cependant dans l'eau claire,
Au moment où la belle avait mis sa lumière
Dans sa barque de neige, un éclair pâle et vif
À l'endroit où le bois la touchait - un bois d'if

Qu'aimait le lac, et qui vibrait de vie au son
Délicat de la voix de la dame au poil blond.

Et puis s'en vont au large et la barque et la belle,
Faisant se fondre au loin l'éclat de l'immortelle
Et le feu doux et clair de leurs lanternes d'or.

Dans le brouillard mon œil perdit ce pur trésor :
Un ultime rayon jaillit, puis à jamais
Disparut la merveille, et soudain dans l'air frais,
Je tremblai, mais de deuil, et ma tristesse amère
Me reste encore après tant d'années de carrière
En ce monde terrestre et sans éclat aucun :
Seul ce souvenir pur me transmit le parfum
D'un monde éblouissant, de l'univers divin,
Au travers de ma vie aux aléas sans fin,
Aux différents hasards qui n'ont pas empêché
Les travaux de peser sur mon cœur asséché,
Aux monotones jours, aux identiques tâches,
Aux devoirs à remplir, aux tracas qui ne lâchent
Jamais aucun mortel, ici-bas - d'engloutir
Cette image au tréfonds obscur du souvenir.
Et cependant, sans le savoir, ou bien sachant
Ce qu'il pouvait en être, et mon cœur s'affligeant,
Toute ma vie errant, je cherchai le joyau
Qui fût vivant, qui pût briller, dans l'air ou l'eau,
Et mes cheveux blanchis couronnent mon front pâle,
Et mes larmes sous l'astre ont l'éclat d'une étoile,
Mais le souvenir seul nourrit mon fol espoir
De retrouver la fée effrayante un beau soir,
Et d'oser cette fois tendre la main vers elle,

Et que mon âme soit enclose sous son aile,
Et portée au plus haut des cieux peuplés des anges,
Ou du moins, par les chemins du lac, à leurs franges !
Car ses flots argentés toujours mènent leur cours,
Dit-on, au pays d'or où resplendit l'amour…
(De là sa clarté noble, et son flux scintillant
Courant sous la surface et qu'un triton fuyant
Porte sur ses cheveux, et qu'on prend, innocent,
Pour un poisson mystique, ou du moins pour son sang.)

Automne

Le regard obscurci par les brumes d'automne,
Je m'avance à tâtons dans le bois du pays ;
Les rares traits d'argent que la lune abandonne
Tissent parmi les troncs et les épais taillis
La figure angoissante et sombre de fantômes
Donnant forme aux nombreux péchés jadis commis.
Ils rient, en me voyant ; devant eux je blêmis.
Grimaçant à mes pieds, je vois aussi des gnomes
Qui s'agrippent à mes talons de leurs dents noires ;
Et voici que mon cœur sent bientôt leurs mâchoires,
Mais que soudain dans ma mémoire un être pur
- L'esprit du vieil été - fait surgir une étoile
Du plus profond de l'âme, et que brille un futur
Voulant livrer ses fruits par delà l'obscur voile
Que déjà tend l'hiver sur la terre meurtrie.
Au sein d'un puits sans fond luit l'image fleurie
Dont les anges divins feront le prochain monde ;
Dès que leurs ailes d'or en effet se déploient,
De leur magie auguste on perçoit de loin l'onde :
D'un rêve elle est la source, et de toutes nos joies.
Alors vont jaillissant de mes yeux des rayons
Qui gravent des cristaux qui se lient en sillons,
Et tracent les contours du printemps qui s'annonce
Et des jardins sauvés pour toujours de la ronce.

Franz Kafka

Franz Kafka demeurait à Prague au temps béni
Où régnaient les Habsbourg dont l'empire prospère
Faisait fleurir les arts ; mais ce temps est fini :
L'étoile en est partie, et fuie en est la sphère.

Ses étranges romans, que ponctuent les mystères,
Font surgir dans le noir des figures sans nom
Tirant chaque lecteur vers de pâles lumières,
Vers des puits reflétant l'obscur éclat du plomb !

Lorsqu'on suit le chemin de ses âpres symboles,
On les voit luire à peine, et les yeux de cristal
Qu'il plaça sur le front d'invisibles idoles
Brillent seuls dans l'éclat de son verbe ancestral.

Obscurité pâle

Dans l'obscurité pâle et les limbes brumeuses,
Des fantômes bruissants passent sans se montrer,
Souffles brefs dont mon poil doit toujours se dresser,
Vents piquants, vifs éclairs des nuits silencieuses.

Entends-je chuchoter ? Vois-je un spectre, tout près ?
Tout me semble indistinct ; le sol sous moi s'estompe.
Qui me touche à l'épaule ? Et quelle étrange trompe
Enroule autour de mon cou nu son bras épais ?

Devant moi, je crois voir un faible éclat d'argent ;
Je m'approche : un sourire effroyable, une dent
Seule au sein d'une bouche anéantit la flamme.

Tout est noir. On pourrait distinguer des fumées,
Peut-être, au fond d'un ciel qui pèse sur mon âme ;
Quand verrai-je l'étoile au-delà des nuées ?

Lumière mêlée aux ténèbres

Jamais à la ténèbre on ne vit se mêler
La lumière, a clamé saint Paul à ses fidèles
De Corinthe ; et, de fait, par les lois éternelles,
Cela n'est pas : pourquoi désirer le voiler ?

Si s'en fait la rencontre, on voit naître un miracle :
Le faisceau des couleurs luit de la Terre au Ciel :
Le bleu longe le noir, et la teinte du miel
Borde le pur éclat qui scintille au pinacle.

Les feux de l'univers sont tamisés par l'ombre ;
Le soleil toujours brille, et seul plus ou moins sombre
Est le monde : en soi-même, un feu n'est jamais froid.

Le clair-obscur surprend en faisant luire l'Ange
Sur Terre, et peint en noir le ciel physique. On doit
Saisir qu'au sein du Cœur l'ordre naturel change.

Veilleurs de nuit

Dans la Nuit ces Veilleurs : mais d'où vient leur lumière ?
Étrange effet des sens ! Leurs corps semblent briller
De leur feu propre, et leurs yeux semblent scintiller
Comme des astres purs se mouvant sur la Terre.

Sont-ils ces Immortels déguisés en mortels
- Ces éclats animés, ces flammes bien vivantes
Qui peuplent le faux vide et dont toujours chantantes
Sont les bouches qu'en rêve ont vues les ménestrels ?

Ont-ils pu revêtir le fil de leurs rayons
D'un corps apparemment humain, dans les sillons
De la matière ? Ô messagers impérissables !

Hommes que rien ne peut corrompre, chevaliers
Que la Lune envoya vers nos sols misérables
Afin que de la mort nos sorts soient déliés !

Feu dans les ténèbres

Dans l'obscurité sombre alors surgit l'éclat
Dont la source semble être un point dans mon sein même ;
Dans ce feu rutilant - éloignant la peur blême -
Est un ange dont l'œil pour moi seul s'étoila.

Dans le cœur de l'hiver mon âme aspire à l'astre
Qui fera resurgir les couleurs de mon pré ;
La chaleur de cet être, en rendant l'air pourpré,
Vient annoncer pour moi la fin de tout désastre.

Dans le fond de mon puits la lumière s'éveille..
Quel faisceau de rayons a forgé la merveille
D'un arbre devant moi portant des joyaux purs :

Des rubis, des saphirs, des gemmes dont palpite
La profondeur ô si riche des fruits futurs !
- Et quelle aile bientôt fait que mon cœur hésite ?

Mâle & femelle

Le rayon qui descend du soleil tel un trait
Qu'Apollon de son arc lance sur le sol vide
Se meut et tourne au sein du vrai cristal liquide
Qu'est l'eau d'un lac dont luit alors le cœur secret :

Et sur ses rives d'or qu'imprègne sa puissance,
Que sa vapeur d'argent traverse et va baignant,
Mille fleurs donnent corps à ce flux scintillant
Dont s'emplit l'air à l'aube, et qui partout s'élance.

Ainsi le ciel est mâle, et la terre est femelle,
Dit-on ! Comme en un vase une pure Immortelle
Recueille le feu vif que l'amour d'en haut crée ;

Elle en répand l'essence et la chaleur au loin ;
Elle en diffuse à pleines mains l'onde sacrée,
Et la vie aux objets de l'univers se joint.

Yin & Yang

Ô jamais on ne vit un élan sans butée !
Il n'advint pas qu'à l'infini se mût un feu :
L'équilibre cosmique a forgé le ciel bleu
Quand la course du dieu s'est enfin arrêtée.

Trouvant chez une vierge un foyer qui l'apaise,
Il connut le repos dans ses bras purs et blancs ;
Lors se fit l'alchimie : et de lumineux flancs
On vit couler les eaux, roulant l'or et la braise !

Des peuples soudain nés dans des flux de couleurs
Tracèrent l'arc-en-ciel qui sépare les mondes,
Et dessous, l'œil perçut des flammes et des ondes.

Dans le néant parut l'étrange banc de fleurs
Où l'on vit les rayons de gemmes suspendues
Qu'animait leur propre être, à leurs forces rendues.

La visite de la fée

I

La fée avait des seins qui ressemblaient au lis ;
Ils étaient ronds et blancs et leur fraîcheur de neige
Jetait des feux d'argent qui pouvaient être un piège
Aux démons qui voulaient l'arracher à Thétis :

Elle était sa suivante et veillait sur ses fils,
Demeurant aux palais qui sont encor le siège
D'un roi pareils aux dieux et dont la main protège
Les restes scintillants de l'ancienne Atlantis.

Quand un noton du diable avait son corps en vue,
Il voyait des rayons de sa poitrine nue
L'assaillir sans pitié et le réduire en poudre.

Les rubis qui servaient de tétons à la belle
Lançaient sans prévenir la mort noire et la foudre
Sur ceux qui prétendaient pouvoir s'emparer d'elle.

II

Les seins blancs de la fée étaient de cristal vif :
Pour moi sur le rivage elle a montré leurs feux ;
Elle a saisi ma main pour céder à des vœux
Dont son coeur laissait voir le foyer expressif.

Il était un soleil à l'éclat excessif
Sous son poitrail ardent et clair et lumineux,
Qui se gonflait d'un coup de son souffle amoureux,
Prêt à laisser sortir d'elle un air explosif.

Je pus répondre à son désir qui m'enflammait,
En l'oppressant au lieu tendre et pareil au lait
De mes lèvres bleuies par ce miracle étrange ;

Je tremblais car la peur me saisissait aux reins ;
Et lorsque j'enlaçai le corps fin de cet ange,
Je me pâmai d'abord parmi ses membres saints.

III

À mes yeux l'immortelle a dévoilé ses formes ;
Elle a montré son corps qui a fait de ma fange
Un brasier sans pareil, et un Soleil orange
S'est suspendu pour elle à ses rayons énormes.

Pour assurer en moi des feux aux siens conformes,
Elle est arrivée nue sur le rivage étrange
Où des reflets du règne occupé par un ange
Sont changés en argent par les Maîtres des Formes.

J'ai pu voir sa chair blanche et polie et ses fesses
Étaient de tendres œufs que sous l'or de ses tresses
Un phénix a pondus pour qu'en naissent des dieux ;

On en voyait déjà jaillir partout des flammes,
Que des éclairs dorés, de ces lieux mystérieux,
Traversaient, en charmant jusqu'aux plus nobles âmes.

IV

Lorsque je m'éveillai, elle était avec moi,
Allongée sur le sable où luisaient des diamants ;

Son sourire éclairait les vents éblouissants,
Et ses yeux scintillants m'assuraient de sa foi.

Ils avaient en leur sein cet éclat que je crois
Propre aux astres dorés où d'autres firmaments
Couvrent des immortels toujours gais et chantants,
Laissant paraître un monde idéal par ses lois.

Ils étaient sur son masque éclatant des fenêtres
Qui donnaient sur les prés où restent nos ancêtres,
Et leurs couleurs sans nombre étaient insaisissables ;

Mais sa main caressante autour de mon visage
Rassérénait mon âme et l'univers des fables
Devenait familier en demeurant sans âge.

V

Ses lèvres embaumées se mirent sur les miennes
Et sa langue aux douceurs que je ne peux redire
Vint au fond de ma bouche et versa le délire
Par lequel on s'embrase et monte aux nefs lointaines

Qui vers l'orbe des dieux et leurs célestes plaines,
Auprès des immortels que l'on voit toujours rire,
Non loin du trône auguste où Yahvé tient l'empire
Sous lequel tout demeure, en un seul jet emmènent.

Mais sa bouche embrassa bientôt le corps entier ;
Tout mon être y entra et au sien vint se lier,
Quand de nouveau pâmé je fondis dans ses bras ;

Un fleuve éblouissant m'avait pris dans ses flots,
Et sans force restante et entouré d'éclats
Je me noyai encor dans le fond de ses eaux.

VI

Un souffle parfumé me rendit à la vie ;
Les cheveux détachés de la belle immortelle
Volaient sur mon visage et le mettaient sous l'aile
Dont son épaule aux yeux s'était soudain munie.

Son dos était courbé comme une herbe qui plie,
Et le bas élargi luisait et l'étincelle
Entre ma chair saisie et son cul d'hirondelle
Fut cet éclat qui dans le Ciel se multiplie.

Ce flot miraculeux de nouveaux météores
Sur moi tourbillonnait en sifflements sonores,
M'entraînant vers des fleurs de feu qui explosaient ;

Je touchai de mes mains la courbe de ses hanches,
Qui tendres sous les doigts en bougeant se fondaient,
Et me jetaient sans fin dans mille clartés blanches.

VII

Peu de mortels ont pu survivre à ces étreintes,
S'ils n'ont pas été pris dans la terre éternelle
Où les fées ont leurs toits par la même immortelle
Qui les a ainsi pris en oubliant leurs craintes.

Les rapides éclairs qui dans les nues éteintes
Partent de ces unions m'entouraient, et la belle,
Sans les voir arracher sa force à l'amant frêle,
Faisait mourir celui dont pâlissaient les teintes.

Hélas ! en achevant de prendre son plaisir,
La fée voit le sommeil qui toujours fait mourir
Les mortels qu'aucun don des dieux ne ressuscite ;

Elle est remplie de pleurs ; alors, les hautes puissances
Lui accordent le don, mettant la mort en fuite,
Me permettrant d'entrer au pays des essences.

Lamartine et la Savoie mystique

Lamartine chanta dans ses vers la Savoie :
Dans ses vents, dans ses eaux, toujours il crut sentir
Le souffle des esprits qui, le long de la voie
Qu'ils suivent dans les cieux, leurs pas font retentir.

Dans tel val rempli d'ombre, et que les rochers ceignent,
Dans le creux abrité des rayons de clarté
Que jette l'horizon quand les soleils y saignent,
Le poète vit-il des démons sans beauté ?

Dans l'obscurité sainte il ne vit que la source
Qui semait de l'argent sur les cailloux des bords ;
Il ne vit qu'arcs-en-ciel que le jour dans sa course
Trace et forge à travers son cristal et ses ors.

Il n'entendit que l'aile angélique et sacrée,
Quand les vents tourmentés battaient les sommets purs ;
Il sentit n'en briller que la blancheur nacrée,
Quand la foudre assaillait les rocs comme des murs !

Un prêtre mourait-il dans la montagne austère ?
Un ange s'en venait recueillir son esprit,
L'emmenant dans sa nef de souffle et de lumière
Dont toujours le pilote aux nobles cœurs sourit !

Jocelyn, Jocelyn, rédimé par nos Alpes,
Tu partis vers les cieux en tenant par la main
Ta divine Laurence, et maintenant tu palpes
Une chair de rayons dans l'éternel matin !

Un ange bienveillant, aux ailes déployées,
Vint vous chercher dans votre combe aux cent secrets ;
Les âmes du pays furent émerveillées
Que vous eussent bénis les plus sacrés décrets !

Par ce guide portés vers quelque étoile pure,
Vos yeux étaient plongés dans ceux de l'être aimé,
Et vous pénétriez le cœur de la nature
Où le feu divin brûle et d'astres est semé.

Un seul être à la fin vous unissait : femme, homme,
Presque fondus sous l'aile éblouissante d'ors,
Vous retrouviez cette unité que nul ne nomme
Sans que son cœur défaille, ou que tremble son corps.

Et toi, divin poète, en contemplant l'image
Que nos lacs projetaient du ciel pur et profond,
Tu saisis que s'unir aux éléments sans âge
Est aussi de l'amour - et qu'alors un griffon

Emmène l'âme au sein d'un univers de songes,
Emporte sur son dos l'esprit vibrant d'espoir
Vers de merveilleux lieux qu'il a crus des mensonges,
Et le fond dans la joie et les clartés du soir !

Loin de la vallée sombre

Je voudrais partir loin de cet endroit affreux,
Cette sombre vallée où toujours je m'ennuie !
Je voudrais m'en aller, pour enfin être heureux ;
De moi toute clarté me paraît s'être enfuie !

Je rêve d'un beau lac semblable à du cristal
Dans lequel les poissons sont des éclairs sans nombre ;
Je rêve d'un pays loin de ce hideux val
Où ma vie est obscure - où mon cœur est dans l'ombre !

Les cimes s'élevant noires devant mon œil
Font obstacle à l'élan qui vers le ciel m'emmène ;
Je vois l'or inonder l'air d'au-delà du seuil
Et seuls ses reflets purs scintiller sur la plaine...

Mais venant dans ma main un follet tout petit
Me parle : il dit l'éclat d'un monde que j'espère ;
Sa voix brise un silence accablant, retentit
Comme un murmure, un chant porté par la lumière !

De lui sort justement un sentier qui s'élance
Vers les monts ténébreux ; et voici qu'il les joint
Et qu'il les illumine : et mon coeurs est en transe,
Mais ils deviennent bien des diamants au loin.

Or je vois une porte en leurs flancs prismatiques
S'ouvrir, et me montrer des étranges cerfs blancs
Dont les bois sont dorés, et dont les yeux obliques
Vont remplissant de feu, de volupté mes flancs.

Ils brament dans l'air vide, et les sons en résonnent
Par-delà les couleurs dans le ciel de cristal ;
S'allument dans l'azur des étoiles qui ronronnent
Sous la caresse blonde et leur cri sidéral.

Comment broyer encor les ténèbres pesantes ?
La montagne est transfigurée en mon val noir ;
Et le vent qui sifflait ses plaintes accablantes
S'est métamorphosé dans la splendeur du soir.

Complainte du temps présent

Le pouvoir est saisi par les moins méritants ;
Les Saints sont en prison, les Héros dans la tombe ;
Les citoyens ont peur, car à tout instant tombe
L'un d'entre eux sous les coups de sabres fulgurants.

Les lames sous la Lune ont un éclat vivant :
On dirait que les meut une âme horrible et pâle
Qu'un mage a fait sortir, en poussant comme un râle,
D'un gouffre au sein duquel fut jeté quelque enfant !

Le Mal même est vêtu d'une armure effroyable
De cuivre et de fer noir ; l'enfer se rend palpable
Par les traits et le corps de ce guerrier affreux :

L'épouvante envahit tout homme qui regarde
Même un instant son œil flamboyant et hideux
Dont s'éclaire sa face écharnée et blafarde !

Tour solitaire

Sous la tour solitaire un fleuve aux eaux limpides
Emporte dans son cours les larmes de l'exil ;
Plus d'un mortel errant vint sur ses bords humides
Pour pleurer un passé dont fut rompu le fil.

Ô l'or de l'Atlantide au bout de l'horizon !
Mais, hélas ! une mer et des cimes sans nombre
En barrent le passage ; et l'Ultime Maison
- L'authentique Patrie - se remplit bientôt d'ombre.

La rivière poursuit dans les lointains sa route ;
Les monts n'empêchent rien : son onde s'enfuit toute,
Et l'éclat de ses flots disparaît à son tour.

Sur les vagues le soir s'abat, et je m'afflige.
Au fond du vallon bleu, l'on entend sans retour
Chanter une perdrix. Puis soudain tout se fige.

Manteau de novembre

Les plantes fléchissant sous la bise écarlate ;
Les montagnes bleuies, fondues dans l'horizon ;
La rivière coulant sous l'obscure maison ;
Le soleil automnal dont la splendeur éclate :

Le manteau de novembre a paru dans le monde,
Et mon ami s'en va, son cheval disparaît
Dans la brume profonde où chacun de ses traits
Laisse un bref fil de feu se reflétant sur l'onde :

Car les rives du lac portent ses pas au loin :
Et la main de son ange a tracé avec soin
Le chemin scintillant qu'à présent il doit prendre.

Dans l'Occident lointain, par delà maint sommet,
Sous des gardes cachés à la face de cendre,
Il fuit, baigné par les rayons dont il se vêt.

Le départ de l'ami

Ami, tu franchiras des montagnes qui gardent
Ainsi que des piliers ce royaume béni.
Tu gagneras ces cols, passeras sous les cimes
Qui percent les nuées où se meuvent des âmes :
L'œil d'anges d'ans anciens, dans ces temples des monts,
Te suivra tout au long du chemin, sur tes pas.
Mais mon cœur lui aussi restera près de toi.
Au coucher du soleil, alors que son or blond
Se mélange à l'argent que diffuse la Lune,
Sous forme d'un brouillard que va soufflant l'automne
Depuis son sein profond, à cette heure où résonne
Au loin la cloche où fut mise d'or une rune -
Du mystère d'un toit dont cent prières montent -,
Je scrute l'horizon que barrent les monts bleus :
C'est le Jura dressé, touchant presque les cieux,
Et ses forêts cuivrées ont leur reflet dans l'onde.
Je lève le regard, que je sais triste et las,
Vers ce mur qui semble être un seuil pour les étoiles...
Le Léman dans sa vasque est pareil à la soie
Qu'a brodée d'or quelque sillon que tu laissas.
Le Rhône comme un fil s'en va vers les lointains ;
Son éclat disparaît en rejoignant la mer.
Et ta barque te porte ainsi que le ferait
La main d'un Immortel, et tu t'en vas au loin.
Tu te fonds dans l'éclat de la brume finale,
Et ton dernier sourire est celui qu'en le Ciel
Peut faire naître un astre aux prés de l'Éternel,
Quand le prend dans sa main un ange de cristal,
Et le place en son souffle, au bord de ses deux lèvres,
Et que le feu divin dont on lui fit le don
À son cœur est rendu dans la neuve saison

Et qu'il entend les chants de merveilleuses fêtes.
Puisses-tu revenir du brouillard de lumière
Quand dans cet inconnu que les dieux gardent pur
Tu te seras refait, et qu'à mon œil ému
Le monde apparaîtra comme jeune lui-même.
Le mystère qui peut maintenir le printemps
Et toujours le placer dans le corps des héros,
Les rendant immortels au sein de l'or des flots
Qui dans l'éther cosmique ont leur écoulement,
Ce mystère, qu'il joue, et que vienne un miracle,
Et retrouvons-nous donc au-delà du temps sombre,
Retrouvons la clarté qui rejette toute ombre
Pour partager le pain sous un neuf tabernacle !

Chant de la Véritable Isis

Le cœur souvent se brise et se fend dans le sein ;
Mais il en sort aussi des rayons d'or qui brillent,
Et c'est l'odieux secret que contient un beau sein
Qui palpite et des yeux qui dans la nuit scintillent.

La bouche aux parfums purs a des lèvres gonflées
Et sourit faiblement dans l'air qui devient chaud,
Montrant des dents luisant aux lanternes cuivrées
Que le couloir contient sous forme de joyaux.

Les cheveux sont de feu et leurs reflets tremblants,
Sur le lit qu'on a fait du plumage d'un cygne,
Jettent l'éclat d'un astre au-dessus de lys blancs
Qui d'Isis l'immortelle sont un palpable signe.

Que tes cuisses de bronze à la douceur sans nom
Accueillent mes baisers et ta hanche embaumée
Tout mon visage enfoui, et qu'un moment bien long
Me laisse caresser ta fesse illuminée.

Que l'immortelle emmène en son pays si fin
Où toute chose est d'or, mais où tout est vivant,
L'adepte qui l'adore et ne veut pas en vain
S'approcher de sa forme et demeurer rêvant :

Il veut toucher le flot fait des larmes des dieux,
S'y plonger, et marcher sur le sol si fleuri
Qu'il paraît se mêler aux étoiles des cieux,
Y aller et venir, et y être nourri :

Il veut cueillir les fruits laissés enfin pour lui
Et les manger sans crainte, y mettre au fond ses dents,
Et grimper sans effroi sur ce mont qui a lui
De ses frais rochers roux qui semblent si ardents.

Là se trouve, au sommet de ces rondeurs si pures
Que l'on peut caresser et contempler sans crainte,
La porte étincelante aux si tendres bordures,
Dont les montants polis ont une étrange teinte.

Saisissant par les creux de gazon tendre et clair
Le mont qui tremble alors, et semble soupirer,
On voit de ce portail jaillir un vif éclair,
Dont plus d'un être humain jadis put s'effarer.

Un puissant jet d'argent fait bientôt éclater
L'air qui en retentit et qui emporte au loin
L'adepte qui suivit ce chemin sans trembler,
Vers les dieux immortels, vers le mystérieux point

Où les hommes mortels deviendront immortels,
Auront leur chair sans tache et leur Cité si sainte,
Traverseront le Temps dans les lacs éternels,
Et vivront dans l'amour sans émettre de plainte.

Bénie soit cette époque entre toutes les autres,
Car je suis pour l'instant dans les affres mortelles
Dont n'ont pas pu encor nous sortir les apôtres
Qui aux êtres humains veulent rendre leurs ailes.

Qu'ils soient bénis aussi, qu'ils soient des immortels,
Ou de simples mortels et de simples disciples :
En imitant leurs traits, je gravirai le Ciel
Et maintiendrai mon corps, au cours de ses périples,

Dans un ordre parfait né de ma volonté,
Recouvert d'un haubert que les dieux ont forgé,
Baigné dans le sang clair et rempli de beauté
D'un dragon achevé par un épieu fiché

Au sein de son vieux coeur corrompu et stérile
Par ma force nourrie et le don d'un archange
Qui le soir brille à l'Ouest, dans un pays fertile
Au-delà du Soleil où jamais rien ne change.

Et que ma belle aussi soit heureuse et en liesse,
Et se pense ennoblie et même sublimée
Par mon œil qui s'éclaire et se remplit d'ivresse
Aussitôt qu'il la voit, jeune étoile allumée,

Nouveau soleil ardent qui toute nuit fait fuir,
Et ceinte sur son front d'une couronne d'or
Qui la fait reine et fait son corps luire et rougir
Et y met l'incendie immense d'un trésor.

Ma folie est trop grande, à coup sûr : je l'avoue ;
Mais chanter ma douleur et la chute du monde
Auquel avec courage et sans sens on se voue
Fait souffler un air frais dans ma grotte profonde.

Le public me pardonne et pardonne au vieillard
Qui se noie dans le lac de ses rêves sans fin
Et qui va retournant, bien qu'il soit sur le tard,
Dans son enfance triste et dont le cours fut vain.

Le Chemin du Ciel

Sur la Terre était en ce temps
Où les immortels la peuplaient
Un pilier serti de diamants
Et que l'or et l'argent ornaient.

Il partait du centre de tout,
Comme un arbre immense et luisant,
Et les fées au sein pur et doux
De leurs pleurs l'allaient arrosant.

Autour de lui étaient des marches
Qui scintillaient de mille éclairs
Et l'on passait par le seuil d'arches
À chaque tour montant dans l'air.

On disait que sous terre un dieu
Ou un géant avait son vit
Toujours dressé vers le ciel bleu
Et qu'il voulait qu'on le lui fît :

Il priait par ce biais étrange
La déesse habitant au ciel
Et qui règne sur tous les anges
De mettre autour de lui son miel.

Ainsi pouvait-il se sauver :
Il ne faut pas être moqueur ;
Car le sage peut y river
Un mystère profond au cœur.

Quoi qu'il en soit, par cette voie
On pouvait arriver au Ciel,
Dans l'empyrée où tout est joie,
Où ne reste aucun fiel mortel.

Car ce Géant, cet éternel
Était Mercure, Hermès, Ymir,
Adam Cadmon, qui né du Ciel
Pour qu'on y vécût dut mourir.

Ainsi de son corps immobile
Fit-on la Terre et s'arrêta
La chute de l'être fébrile
Dont l'humanité est l'état.

L'homme tombait au fond du gouffre,
Entraîné par le diable immonde ;
Il fallut le sauver du soufre
Brûlant dans sa geôle profonde.

Le dieu s'offrit en sacrifice :
Le sol serait fixé sur Terre,
Et l'on pourrait, de son os lisse,
Repartir vers de hautes sphères.

L'amour fut créé par le sexe,
Afin d'agir selon cet axe ;
La pointe de son gland convexe
Soutient le Ciel qui le malaxe.

Lorsque le coït a eu lieu,
La semence étoilée et blanche
Retombe et semble alors aux yeux
La neige posée sur la branche.

Dans le Ciel toutefois un ange
Blanc et pur, pareil à la Lune,
En naît, ô quel mystère étrange !
Sortant de lumineuses dunes.

Mais sur Terre les pâles vierges
Imitent leur patronne et reine ;
Et, ayant dans la main des cierges,
En haut montent sans perdre haleine,

Tournant autour de la tour brune
Que l'or constelle et qui palpite,
Surtout lorsque pleine est la Lune
Et qu'elle argente tout le site.

Or un beau jour on vit deux nymphes
Prendre le chemin si sacré
Qui du tronc fait jaillir la lymphe
Et peupler tout d'anges nacrés.

Tel un épieu d'or enflammé,
Le vit géant qu'un dieu conçut
Était comme un arbre embaumé
Rempli de fleurs et de vertu.

Il se dressait dans l'air obscur,
Pilier de feu vers les étoiles,
Mais il était derrière un mur
Pour les mortels : couvert de voiles ;

Ils ne pouvaient jamais le voir
De leurs yeux de chair périssable ;
Il fallait pour cela avoir
Les dons du Mage Impérissable.

Celui-là seul eût pu connaître
Les secrets de cette épée vive ;
Car il pouvait faire apparaître
Son éclat, auquel Dieu se rive.

Or donc, voici ce qu'il voyait,
De son œil pareil à la gemme
Qui de soi-même rougeoyait
Et illuminait la nuit même :

Des éclairs traversaient les feux
Qui l'entouraient sans nul répit ;
Leur éclat faisait mal aux yeux
Même transformés par l'Esprit.

Or l'or qui naissait en ces lieux
De la lumière éblouissante
Formait des degrés vers les cieux,
Comme une échelle étincelante.

Car une alchimie des hauts dieux
Allait formant, autour, des marches,
Le long desquelles, vers les cieux,
Allaient, en passant sous des arches,

Les femmes les plus lumineuses,
Les plus dignes d'être initiées,
Les plus belles nues, et radieuses
Dans leurs parures dépliées.

Les cheveux étoilés de l'une
Parcouraient de foudres son corps ;
Son rang était tel que la Lune
Ne lui servait, comme un fruit d'or,

Qu'à orner sa gorge sublime,
Entre ses seins qui scintillaient
Et dont le rubis, à leur cime,
Était fait d'astres qui brillaient.

Les chairs lourdes d'une autre femme
Auraient éveillé le désir
Et fait s'illuminer la flamme
De maint vieillard près de mourir ;

Mais il fût mort dans cette étreinte
Si sous la peau laiteuse et grasse
Un feu pur à la chair éteinte
N'avait donné l'or de la grâce :

Il la faisait rougir partout,
Soulevant ses seins lourds d'amour,
Allumant, au ventre un peu mou,
Des feux vermeils, comme en un four ;

Sur ses deux fesses bondissantes,
La pudeur d'un désir ardent
Plaçait des rougeurs fleurissantes
Qui comblaient son divin amant.

Ces deux fées qui avaient pris corps
S'enroulaient autour d'un vit pur
Qui contenait tous les trésors
Dont s'orneraient les jours futurs.

La sainteté de leur belle âme
Les rendait à moitié divines,
Et sur leur tête était la flamme
Les recouvrant de perles fines

Que Dieu soufflait sur ses élues,
Dont il honorait ses prêtresses,
Les chansons desquelles sont lues
Par les adeptes des vraies liesses.

Visions de la montagne

Le Voyant entendait, au sein de ces bourrasques
Qui soulèvent la neige aux flancs des Géants morts,
Le son froissé de l'aile et le fracas des casques
Dont les anges guerriers heurtaient les monstres forts,
- Les fils du Chaos noir qui sommeille et qui guette
Le moment idéal pour obscurcir les monts,
Pour s'y répandre, épouvantant le vieux Prophète
Par sa forme effroyable et ses nombreux démons :
Leur torrent se déverse, ainsi qu'une cascade,
Et leurs armes d'acier scintillent dans la nuit ;
La Lune les éclaire, en ses rayons de jade,
Et leur bataillon glauque au fond des gouffres luit.
Un être de l'abîme, âpre à toute existence,
Lance ses bras sans fin, tentacules visqueux,
Depuis la grotte au nom qu'on n'exprime qu'en transe,
Quand on habite auprès de ces horribles lieux :
Le mot dont on désigne, au sein de la vallée,
La faille dont émerge à présent l'être atroce,
Est interdit, proscrit, et la bouche est scellée
À jamais qui nomma l'antre du ver féroce
Qui fut jadis un dieu dévorant les enfants,
Les vierges du val sombre, et ne fut refoulé
Dans son domaine immonde, aux dragons salivants,
Aux monstres par lesquels le peuple est accablé,
Que par de saints guerriers soutenus par des anges,
Des chevaliers du Ciel dont l'armure est brillante
Et dont l'aile flamboie et dont les yeux étranges
Vont foudroyant d'un coup les ombres d'épouvante ;
Mais aujourd'hui, la porte, autrefois verrouillée,
S'est brisée, et le monstre a décuplé ses forces
Par le sang innocent versé : s'est éveillée

Une horde vampire, et des vieilles écorces
Que l'arbre de la Terre a sur elle forgées,
Le mal s'est libéré. Le voici, surgissant,
Dévastant tout sur son passage, et sont figées
Les troupes de guerriers dont les fourreaux, crissant,
Restent pendus à terre alors que les genoux défaillent ;
Les armes sans objet, nul n'ose plus les prendre :
Le regard d'un seul monstre emporte des batailles ;
Sans tarder plus d'un val se voit réduit en cendre !
Les yeux sont effarés, la bouche est grande ouverte,
Et plus d'un tombe mort, saisi par la peur seule !
Qui sauvera le monde ? Un Saint donne l'alerte
Et va priant les Immortels que cette meule
Que constitue en ce moment la horde noire
Soit arrêtée au seuil des augustes cités
Par les anges du dieu que couronne la gloire
Et dont l'âme est sensible aux nobles piétés
Dont font preuve les cœurs qui toujours le chérissent ;
Puissent ces guerriers d'or des étoiles du ciel
Descendre jusqu'à terre et que soudain frémissent
De crainte les méchants dont la bave est de fiel !
Mais s'ils ne viennent pas, que le monde, alors, tremble :
Que les hommes pleurant sachent proche leur fin ;
Et dans leur avenir, quoi qu'on dise ou qu'il semble,
Qu'ils ne placent nul astre au rayon pur et fin,
Qu'ils ne voient pas d'espoir, pas de clarté, d'issue,
De porte de sortie en cet univers vide,
Car la ténèbre alors des profondeurs émue
Engloutira le monde en sa gueule placide.

Ode au génie de la Liberté

Ô génie immortel de la liberté sainte,
Tu te meus dans l'éther et gardes la Cité
Comme un ange envoyé par les dieux dans la crainte
Que les forces du mal en chassent la beauté :

De cent failles sans nom s'élèvent des vapeurs
Jaunâtres que remplit une horde de formes
Effroyables pour l'Homme, et leur bouche dit : Meurs !
- Et sur les cœurs se referment des doigts énormes.

Alors, ô guerrier d'or aux ailes éclatantes,
Tu t'élances d'un trait vers ces larves rampantes,
Et leur jettes ta foudre, et les mets en morceaux :

Car l'étoile à ton front fait jaillir mille flammes
Dès que l'enfer paraît – et, soudain, des monceaux
De monstres abattus sont privés de leurs âmes !

Les fées de l'île de l'Ouest

Vous reverrai-je un jour, mes blondes demoiselles?
Quand j'irai par ma nef vers les feux du couchant,
Je verrai l'Emeraude en l'Azur des Pucelles
Dont toujours il s'élance un immense et beau chant.

Là vous me recevrez des servants le plus vôtre :
Le hardi chevalier qui dans sa quête ardue
A si longtemps souffert - combien plus que tout autre ! -,
Vous le rappellerez de la vaste étendue.

Je resterai toujours auprès de votre roi
Et placerai mon cœur sous son œil de lumière ;
Des ailes pousseront, par sa grâce et sa loi,
À mon âme accueillie dans les ors de sa sphère.

- Puisse alors mon regard soudain s'illuminer
Et briller sur vos fronts, sur vos yeux s'éclairer !

Ballade des vacances perdues

Dites-moi où sont les voiliers
Qui glissaient sur l'onde écumeuse,
Et ces dauphins qui par milliers
Fendaient la vague lumineuse.
Où donc se trouve l'île heureuse
Où se promenaient les soleils
Par quelque forêt merveilleuse ?
Où sont partis les jours vermeils ?

Où sont ces prés qui par paliers,
À une hauteur fabuleuse,
Le long d'immenses escaliers,
Font pousser une herbe soyeuse ?
Où est la cascade mielleuse
Qui jetait des feux sans pareils
Dans une lumière crémeuse ?
Où sont partis les jours vermeils ?

Et puis ces moutons et béliers
Couverts d'une toison laineuse
Qui passent sous les espaliers
Où pend mainte orange juteuse,
Où sont-ils, vierge capiteuse,
Où ? toi qui durant mes sommeils
Luis dans une clarté laiteuse ?
Où sont partis les jours vermeils ?

Prince, au sein de l'heure pâteuse,
Chaque matin, à vos réveils,
Reviendra la demande affreuse :
Où sont partis les jours vermeils ?

Pensée d'automne

La montagne est fumante et les arbres sont jaunes ;
Sur les obscurs sommets le ciel est gris et lourd ;
L'automne a mis sa main froide et vide d'amour
Sur la vallée en pleurs et sa flore et sa faune.

Recouvrant les parois abruptes jusqu'aux cimes
    De leurs feuillages noirs,
Les hêtres vieillissants se penchent sur l'abîme,
    Se dressant face au soir.

Les cerfs brament au loin, et l'on entend le flux
        D'une cascade ;
Déjà le vent d'hiver arrive par afflux
        Sous le ciel fade.

Le soleil lumineux et l'air limpide
    S'arracheront-ils à la mort ?
Sous mes yeux la rivière au flot rapide
    Coulera-t-elle encor ?

En moi le souvenir de l'été sémillant
      Laisse de l'or ;
Que ce germe diffus d'un futur scintillant
      Soit un trésor !

De lui l'ange viendra de mon âme assoupie
    Faire sonner le vieux réveil ;
De lui fructifiera dans ma vie engourdie
      Un temps vermeil !

Autobus

Imité de Michel Houellebecq

L'autre jour à Paris j'ai pris un autobus
Et j'ai senti soudain comme un profond hiatus
Entre l'image éblouissante de la ville
Et ce qui me venait alors depuis la bile.
Légère et mensongère à la façon d'une ombre,
La cité s'étendait blafarde en la pénombre,
Et sous le faible éclat des jaunes lampadaires
Je voyais s'agiter des spectres dans les airs.
Le son lourd du piston de la vieille machine
Me devint le soupir du monstre qu'abomine
Le fameux Job quand il regarde au fond du gouffre
Et qu'il voit éclairée par des vapeurs de soufre
L'échine d'un dragon qui traverse l'abîme :
De sa gueule béante il enfante le crime,
Et de nombreux auteurs modernes l'ont décrit,
Bien que d'autres par peur n'en aient rien du tout dit.
Poursuivant son chemin le morne véhicule
Avait un rythme informe et chaque monticule
L'amenait à vomir des fumées plus toxiques
Que le souffle empesté d'une hydre maléfique.
On eût dit un gros ver rampant sur le goudron
Et crachant de la glaire au milieu de jurons.
Quand je pus en descendre un dernier bruit me vint,
Comme un rire gloussant et gras jetant sans fin
Sa satire effroyable et quasi mécanique ;
Un froid glacé glissa sous ma poitrine étique.
Je me mis à médire, à me railler de tout,
Sans savoir que mon âme avait sous elle un trou
Par où l'esprit de la machine avait passé
- Me poussant à ne voir, dans mon cœur compassé,
Que ce par quoi le monde était un autobus
Conduisant l'être humain à son noir terminus.

L'humour et la grâce

On rit quand vient d'en haut l'éclat nouveau d'un astre.
Dans l'humour est la grâce étoilée et sans frein
Que souriant dispense un ange de sa main
Quand le temps est venu d'écarter un désastre !

Au seuil du désespoir on sent monter en soi
Le désir de laisser éclater sa lumière,
De railler l'ombre pâle et de fuir l'atmosphère
Que le gosier exhale en y tuant la foi.

Par le fil de la joie étonnante des dieux
Reprend-on le chemin reparu sous les yeux
Pavé d'argent et de saphirs pleins de lueurs.

De la pensée obscure et stérile, ô béni
- Ô génie éternel dont fulgurent les cœurs -,
Tu guéris l'âme en y plaçant le doux oubli.

L'humour est un mystère

L'humour est un mystère. Est-il grâce des cieux ?
Est-il vent émané des profondeurs obscures
Où l'on rit du malheur, où l'on raille tout mieux
Dont s'éclairent le monde et les heures futures ?

Est-il douceur qui souffle et pousse un air doré
Dans l'horizon profond, marque d'amour d'un ange ?
Est-il le soyeux voile au feu pâle et moiré
Qu'on met sur le regard face à la peur étrange ?

Serait-il une ruse à laquelle a recours
L'œil qui ne veut pas voir le pas des derniers jours ?
Cache-t-il une honte, un ver rongeant au cœur ?

Devant les seuils trop noirs de l'énigme insondable,
Ricanes-tu meurtri par une vieille horreur,
Ô gnome dont les dents fendent l'ombre palpable ?

Yseult et le dieu d'amour

Yseult est fière, et cependant, les compliments,
Quand ils sont mérités, échauffent toujours l'âme,
La portant vers le ciel de moments en moments,
L'emmenant dans la nue où tout semble de flamme.

Là, dans l'éclat qu'on pénétra par le vol mâle
De mots ailés et pleins de lumière, en ce lieu
Où tout paraît possible, entend-on quelque râle
Ou des soupirs ? Durant un instant, on voit Dieu

Passer dans un éclat de rire avec un bâton d'or ;
Puis un fil scintillant s'enroule et charme l'œil ;
Le souffle d'un vent pur soulève un buste alors
Nu ; et bientôt s'approche un étrange et bleu seuil.

Yseult, Yseult, ô passe, et les feux qui dévient
Te serviront de ponts. Nul danger ne te guette,
Si ta volonté reste aux aguets, et cent vies
T'attendent par l'issue imprécise. Es-tu prête ?

Le petit garçon et les ombres

N'aie pas peur, mon chéri, des ignobles fantômes ;
Ton père est le seigneur éblouissant des gnomes.
De sa main ferme et sûre il défend les royaumes
Et son front des rayons dont les dieux font leurs heaumes
Est couvert. Son œil vif, par lequel Dieu regarde,
Que meut sa volonté, fait de ce roi le garde
De son empire immense. Il est son envoyé,
Et de sa bouche il tient sa noble autorité.
Quand il fixe des yeux les démons qui t'oppriment,
Il ne peut pas manquer que leurs feux les déciment.
D'un seul de ses coups d'œil plusieurs monstres explosent,
D'autres se pétrifient. Qu'ils viennent donc, s'ils l'osent,
Ces guerriers de l'enfer qui veulent t'inspirer
La peur que n'eut jamais, tant qu'il put respirer,
Aucun fils de ma race étoilée de héros.
S'ils désirent périr, qu'ils te montrent leurs crocs :
Ils trouveront à qui parler, en vérité.
On les verra voler, leurs membres émiettés,
Leurs dents aux quatre vents dispersées sans attendre ;
Leurs yeux de braise aussi, dans l'ordure et la cendre,
Sortis de leur orbite, auront de tels trajets.
Ne crains rien : je suis là ; de ma main, mille jets
De lumière ont surgi, détruisant ces horreurs
Qui surgissent dans l'ombre, et qu'arment des fureurs
Nées de l'âme déchue de Satan dans l'abîme.
Ceux qui grognent ici, fomentant quelque crime,
Qu'ils s'en aillent là-bas - où n'est pas ton idole,
Celui qui t'a conçu revêtu d'une étole
À la façon d'un saint dans le sein de ta mère !

Amours sacrilèges

I

Je suis seul dans la nuit et j'entends au dehors
Le bruit d'une fontaine incessante et limpide ;
Des machines aussi, dans leur course rapide,
Font bruire au fond du val le métal pris des morts.

Mais le plus effrayant est ce chien qui gémit,
En deuil d'amour, face à la mort qui vient sur lui ;
Les spectres l'ont saisi puis dans les airs ont fui,
En emportant son cœur qui maintenant blêmit.

Mon âme cependant est de ce feu remplie
Qui la rend malheureuse, et légère, et pâlie
- Qui toujours la consume et la met dans l'abîme.

Il faudrait que la fée auguste de mes rêves
Descende enfin pour moi de son étrange cime
Où sa puissance éclate, où son œil luit sans trêves.

II

Pour me sauver, la Sainte aux armes sans pareilles,
Au buste tout-puissant qui contient un brasier,
Et qui pourrait d'un coup détruire tout entier
Mon cœur qu'elle a placé dans ses chaînes vermeilles -

En ses rets qu'elle tisse avec art et finesse,
En ses bras qu'elle a fait forger par un dieu haut,
En son œil qui recèle, en son pur éclat chaud,
Des étoiles sans nombre, ô si noble déesse ! -

Pour sortir son ami du désespoir affreux
Où l'a mis son regard, dont si vifs sont les feux,
Et qui perce les airs de rayons fulgurants,

Elle doit condescendre à l'aimer, bien qu'indigne,
- Consentir à chercher, parmi les cent errants
De l'enfer, ce mortel de tous le moins insigne !

III

Hélas ! est-il possible, à la noble déesse
Au buste qui contient le feu de l'univers,
De venir jusqu'à moi, qui suis dans ces enfers
Où m'a jeté mon cœur, qu'elle a mis dans l'ivresse ?

Car je la contemplais, immortelle sur Terre,
Passant comme un éclair sur ce sol périssable,
Étincelante et à quelque étoile semblable,
Et je tombai soudain dans un trou sans lumière.

Scintillante et sans voile a paru sous mes yeux
Cet ange féminin, cette fille des dieux,
Mais sa colère grande a pensé me détruire.

O vierge de la Lune, ô fille de Diane,
Ne lance pas tes chiens après moi pour me nuire
- Mais pardonne à celui qui perça ton arcane !

IV

Viendra-t-elle jamais, celle qu'on vit sans voile,
Et qui du coup s'émut, et veut anéantir
Son adepte fidèle, et prompt à la servir
Et qui l'a toujours vue comme sa seule étoile ?

Lève-t-elle son bras pour le sauver des maux
Où cet amour l'a mis, où cette vision sainte
Ne pouvait que plonger son âme qui s'éreinte
À se rendre enfin digne, au-delà des vains mots.

Je n'ose le penser, et pourtant il le faut ;
L'or de la Providence est nu de tout défaut :
Il sert ma destinée, et sa lumière est bonne ;

Son rayon lumineux portera cette fée
À me donner enfin la sublime couronne
Qu'aux candidats parfaits les dieux ont réservée.

Panorama blanc

Le panorama blanc éblouit notre œil vil ;
La lumière au couchant remplit les arbres d'or ;
Les montagnes sont bleues, qui s'étendent au nord,
Et la neige scintille à leur sommet viril.

Soumis à la parole émouvante du ciel,
Nous nous laissons baigner par les flots de clarté
Que verse sur nos fronts un dieu plein de bonté,
Attendant que soit dit un secret immortel.

Prêts à l'accueil d'un germe obscur venu d'en haut,
Nous comptons l'arroser jusqu'à ce que ce mot
Fasse fleurir en nous un chant qui soit épique ;

Lorsque le fruit dans l'âme enfin mûr paraîtra,
Ses traits de feu seront ceux d'un enfant cosmique,
Et la déesse immense en ses bras le prendra.

Chrysanthème

Le tremblement de ton épaule fine,
Lorsque j'y pose avec délicatesse
Un chrysanthème à la flamme argentine,
Se répercute ainsi qu'une caresse
Dans le tréfonds de mon âme en détresse ;
Au sein de l'air, une aube cristalline
Semble surgir en vibrant, sans que cesse
De croître l'or de ta joue opaline :
En vérité, ce don de l'amitié
Transmet le vœu d'une étoile à moitié
Tombée sur terre et saisie dans un corps ;
Du moins ton œil où l'infini se voit
Tisse au-devant l'image des trésors
Que cet espoir a suscités en toi.

Oriphiel

Le seigneur du chaos tient en main sa baguette :
C'est un rayon de feu qu'il rapporte de l'Ouest ;
Il veut briser la Terre, et voici qu'il s'apprête
À répandre la mort en cheminant vers l'Est.

Mais cet éclat qu'il porte est un nid d'étincelles,
Et chacun de ses pas laisse au sein de l'abîme
Le germe que les dieux dans les cieux munis d'ailes
Ont forgé pour que l'homme atteigne enfin leur cime.

Car cet agent secret du désordre innommable
Est le saint envoyé d'un astre formidable
Où vit un peuple d'or qui veille sur le monde ;
Quand la lourde matière est le frein de l'esprit,
Un ange vient casser cette prison immonde :
Aussitôt l'on entend l'enthousiasme d'un cri !

Sonnet pour Bastet

Ô Bastet, mère auguste et sublime des chats,
Ton amour luit toujours dans leurs yeux d'émeraude,
Et quand le nôtre vint placer sa forme chaude
Contre nos flancs, c'est nos larmes que tu séchas !

La vierge du ciel même à ses côtés toujours
Conserve ta présence, et son char par tes filles
Est traîné dans les airs où ses deux roues scintillent,
Créant des sillons d'or par les nuits et les jours.

Quand vient le soir, pourquoi notre félin tressaille,
Si ce n'est qu'au couchant il distingue sans faille
Ton éclat merveilleux à la cour du dieu Râ ?

Et le vert Osiris sur ton front sa main place,
Pour que l'obscurité devant ton feu se glace
Et que mon âme accède aux lieux où tu seras.

Le pipeau

Traversant les cités, franchissant les montagnes,
J'ai joué de la flûte en me rendant aux cours,
Espérant recevoir de l'argent tous les jours
Dans les châteaux dressés au travers des campagnes.

Hélas je fus moqué, peu demandé des dames,
Et je dus au hasard errer dans l'univers
Jusqu'à ce jour étrange où composant des vers
Je me sentis soudain comme entouré de flammes.

Des démons ont paru qui me riaient au nez,
Et l'un d'eux, me nommant prince des forcenés,
Dit qu'ils avaient songé me coiffer d'un chapeau :

« Ce sera, me fit-il, la marque ridicule
Qui te fera hurler de ta voix minuscule :
J'ai gagné ma fortune en jouant du pipeau. »

Étoile du soir

Ce soir l'étoile étincelle en l'azur
Coloré de vermeil et de violet,
Et la plaine vers l'ouest a le reflet
De la nuit pâle avançant dans l'air pur.

Le sentiment m'étreint qu'elle m'appelle ;
Des signes se font voir à mon œil fou,
Et des pays secrets sous un vent mou
Tendent vers moi leur texture irréelle.

Sur un gazon que décorent des fleurs
Se dresse un temple blanc dont le fronton
Semble envoyer dans l'air mille photons
Pour y tracer des traits de leurs lueurs ;

Des ailes d'or ressemblant à des flammes
Autour d'un corps obscur jettent leur feu
Et dans un clair visage un regard bleu
Perce mon cœur comm' le feraient des lames.

Est-ce un sourire ? Ou le rire moqueur
D'une étrange entité d'un temps perdu
Que soudain je distingue ? Et l'or battu
De sa couronne, a-t-il de l'épaisseur ?

Ma main alors se tend vers la figure
Et mes pieds décollés montent portés
Par un souffle inconnu vers ses beautés,
- Mais trop pesante est ma pauvre nature,

Et brusquement je tombe au fond d'un gouffre,
Et le tonnerre éclate autour de moi,
Mon corps des éléments subit les lois,
Mon âme au sol est déchirée et souffre !

Je reste ensuite hébété l'œil ouvert,
Tentant de rappeler à ma raison
Le sens de ce bas monde ; et l'horizon
Se teint encore au loin du plus beau vert !

Entre hébétude et raison ma pensée
S'efforce de trouver le chemin juste
Et peut-être qu'un jour la voie auguste
Avec clarté pour moi sera tracée !

Le chant du ménestrel

De ville en ville et de règne en royaume,
Un beau matin parti de ma maison,
Je suis passé marchant vers l'horizon,
Suivant dans l'air un étonnant arôme.

Il me semblait qu'une femme inconnue
Toujours fuyait devant mes pas errants,
Et que sans but allaient mes pieds mourants
Et que mon œil se perdait dans la nue.

Un jour parut sous mon front un abîme ;
Et le parfum m'emmenait vers la mort,
Et je sentais que je tombais du bord
Quand une main fit, blanche, un geste infime.

L'instant d'après j'étais sur la pelouse,
Et sur mon corps un souffle descendait ;
Et j'entendais une voix qui disait :
Chante pour moi, je serai ton épouse.

Alors la route à nouveau fut mon sort ;
Et dans les cours et les palais splendides,
Jouant des airs qu'inspiraient des sylphides,
Sans le vouloir je reçus beaucoup d'or.

Le bleu du ciel un jour sera fendu
Pour qu'on m'emmène au-delà des étoiles,
Et le bateau qui hissera ses voiles
Sera pour moi d'ivoire et d'or battu.

Mais aujourd'hui je vis dans mon château,
Attendant l'heure où je pourrai partir,
Et tristement je scrute le saphir
Qui doit briller au jour de mon bateau.

Tel fut le don que mon doigt conserva
Le lendemain de l'étrange miracle
Où loin de choir je fus mis au pinacle
Où plus d'un cœur d'artiste se rêva.

Une journée pleine de mets

Ce matin j'ai mangé des gâteaux à la crème
Préparés par moi-même avec amour la veille :
Et ce fut un délice. Une fraise vermeille
Décorait son écume au sucre comme j'aime.

À midi, j'ai mêlé la brioche à des fruits ;
Lorsque j'ai mis en bouche une orange juteuse,
J'ai senti m'inonder la liqueur sirupeuse
Que forgent les soleils de pays inouïs.

Le soir enfin la glace au nougat que je pris
Rafraîchit mon gosier et je poussai des cris
Quand le chocolat noir s'épandit sur ma langue.

La nuit je dormis bien, car l'ange des gourmets
Vint placer dans mon rêve une luisante mangue
Entre mes mains charmées de ce suprême mets.

Le bélugazelle

Le fin bélugazelle a sauté sur la vague,
Fuyant le léopard qui de son chalutier
Le poursuit pour qu'enfin de son coup meurtrier
Le harpon le saisisse et s'y plante la dague.

Puis le fauve qui tient la barre du navire
Lancera ses petits sur la victime en pleurs,
Et ce sera la fin, sous l'œil de ces tueurs,
Du blanc bélugazelle au lumineux sourire.

Dans la mer agitée on verra sa famille
Le chercher par les flots où la savane oscille,
Et lui ne pourra pas répondre à leurs appels ;

Leur troupeau s'en ira paître sur les écumes
Les feuillages fleuris d'arbustes fraternels
Où bâtissent leurs nids des poissons pleins de plumes.

La ville grise

La ville est grise et s'étend infinie.
Des tours d'acier vers l'horizon obscur
Font scintiller comme sur un grand mur
Leurs yeux cruels durant mon insomnie.

Le ciel sans astre est bouché par des lampes
Dont les rayons martèlent des vapeurs ;
De gros camions répandent leurs odeurs
En glissant pesamment le long de rampes.

Soudain la rue au-dessous de mon œil
Semble briller d'un pur éclat stellaire ;
Cherchant à voir, je sors de mon fauteuil.

Une danseuse ainsi qu'une clarté
Passe dans l'ombre – étoile solitaire
Qui me sourit, me voyant arrêté.

Rondeau d'automne

L'automne a remis son chapeau
De froid, de brouillard, de bruine,
Et chaque feuille s'illumine,
Faisant s'étonner le crapaud.
Le ruisseau fait un chant si beau !
- Disant de sa voix argentine :
L'automne a remis son chapeau !
S'élance en riant l'escargot,
Passant à la course l'hermine ;
La vache en méditant rumine
Et le vieux taureau ne dit mot :
L'automne a remis son chapeau.

Fin du monde

Sous l'antique cité le vide s'est creusé.
La terre jadis pleine et vivante en ses côtes
Est pareille, après avoir absorbé nos fautes,
Au squelette spectral à l'œil rouge embrasé.

Les vers autour des os s'enroulent ricanants,
Et surgissent parfois des caniveaux des rues,
Terrorisant le peuple et les âmes perdues,
Tombées dans les puits noirs dont la porte est leurs dents.

Partout le sol devient béant sous leur poussée,
S'ouvre en craquant tandis que leur dos hérissé
Se soulève en ronflant à travers l'air figé,
Partout la triste ville a sa vie abrogée.

Et dans le sein obscur de la plaine dorée
Trône un être hideux qu'on ne saurait nommer,
Un fantôme terrible incapable d'aimer,
- Qui fut homme jadis, mais d'une âme égarée.

Par ses sorts et ses dons il est comme un géant,
Et sur son siège il porte apparemment des chaînes,
Mais son heure a sonné : ressurgissent les haines
Qui pour l'humanité préludent au néant !

Et partout les maisons jusqu'aux toits se fissurent,
Et partout en tremblant la terre s'écartèle,
Tandis que dans les airs une vapeur mortelle
Semble voler à la façon de créatures.

Mais du feu se distingue au fond de l'horizon ;
Serait-ce le salut ? Serait-ce le soleil
Mandant auprès du monde un être au teint vermeil
Pouvant faire sortir l'homme de sa prison ?

Ou bien l'éclair éblouissant de son épée
Vient-il tout achever ? Est-ce un pur météore
Venant tout ravager, venant détruire encore
Un âge de la Terre en sa flamme bombée ?

L'idéal dirigeant

Le dirigeant parfait viendra d'un autre monde :
Attendu comme un dieu par les peuples unis,
Une aube il paraîtra comme un cygne sur l'onde
Aux rayons du soleil dont les champs sont jaunis.

Semblant s'être cristallisé dans l'or du ciel,
Il portera l'habit étincelant des anges,
Et sa face de neige et ses cheveux de miel
Figureront pour tous des bonheurs sans mélanges.

Ce seigneur, mille gens le diront le messie,
D'autres l'appelleront extraterrestre et prince
Sur sa planète obcure et dans sa galaxie
Dont la nôtre dès lors passera pour province !

Mais aucun ne verra l'idée auguste et belle
Gouvernant ses pensées dans la ténèbre intime,
L'amour de la justice et la flamboyante aile
Dont cette idée prendra dans l'air son vol sublime.

Et longtemps on dira que c'est un empereur,
Mais le cristal vivant sur son front mâle et blanc
Restera une énigme et jusqu'à sa lueur
Laissera chaque cœur muet et pantelant.

Dans la ville tes pas

Dans la ville tes pas illuminent nos rues
Et tu passes tout près de mon regard perdu ;
Tu t'en vas vers le lac comme un songe têtu
Et tu marches sur l'eau vers des fleurs disparues.

Les lueurs des lointains sont un appel pour toi
Et des astres pour moi qu'en ses bras tient la Terre,
Et tu grimpes sur l'air par un chemin stellaire
Qui te fait retourner dans ton règne et ta loi.

Depuis l'orbe lunaire où tu tiens ta maison,
Veuille à temps réguliers conserver ma raison
En me clignant de l'œil sans cesser d'être douce.

Veuille une fois par mois lancer vers mon visage
Un rayon bienveillant qui vers des fils me pousse
Dont se noue un amour qui n'aura jamais d'âge.

L'esprit de fraternité

L'esprit qui fait des cœurs des frères sous les corps
Rappelle la nuée où le forgeron père
Se réserve l'organe abritant la lumière,
Aux ouvriers tisseurs laissant les habits morts.

Puis un fil de son cru lie ensemble les pôles,
Et le mystère obscur les dirige sous l'eau,
Les confrontant aux flux pour mieux rendre nouveau
Le corps qu'il tirera des amours de ces drôles.

Dans le brouillard épais l'or devra rayonner,
Et dans l'air sourd un air étonnant résonner,
Puisque des coups lancés le feu paraît-il flambe ;

Serrant entre eux les bras, le temps en fait un crâne,
Et des globes luisants dont surgira la jambe
S'y verront, deux soleils pour un pommeau de canne.

La révolte du Poète

Dans la nuit le Poète a tourné son regard
Et n'a vu nul chemin, ni devant, ni derrière ;
À sa droite est un mur, à sa gauche est le vide,
Il marche sur la boue d'un sentier de corniche.
Nul œil de flamme à l'horizon de l'est ne s'ouvre,
Et son corps est tremblant sous l'effet de la fièvre ;
Il sent la peur monter des profondeurs de l'âme
Et la sueur couler à flots de son front pâle.
Mais un feu semblant bleu court autour de ses membres,
Et revient le courage en ses chemins d'opprobre.
Comme un air de saphir ceint ses bras qui se meuvent,
Et voici que surgit la force qui lui donne
Le pouvoir de sauter par dessus la muraille
Et de se tenir droit sans que son pied vacille
Au milieu de la cour dont on voulait l'exclure.
Et traçant de sa main dans l'air le feu de runes
Il s'ouvre une mandorle, et des hommes de foudre
Jaillissent de la faille en écartant son cadre,
Et voici que le barde est vengé des immondes
Qui voulurent qu'il fût banni au fond des combes.
Le pouvoir du Poète est tel : il est le sabre,
Il est le vent qui hurle au son des chants funèbres.
Il renverse les murs, il renverse les tours,
Il renverse les rois ingrats quoi qu'il en coûte ;
Il sauve l'être humain lassé des habitudes
Que font peser sur lui les ténèbres du monde.
Mais qui reconstruira, hélas ! le palais d'or
Que le Poète aimait ? Lui-même par quelque ode ?
Béni soit le charmeur doté de la puissance
De rassembler la pierre et d'en remplir les fosses !

Le seigneur au saphir

Sur son trône un seigneur revêtu de couronne
Semble briller et tous à ses pieds s'agenouillent ;
Lorsque sa voix émet un ordre qui résonne
De bonheur l'implorant ses courtisans bafouillent.

Si dans sa rage ainsi qu'une montagne il tonne
De larmes de douleur ses dallages se mouillent,
Et sa colère aux cœurs à coup sûr paraît bonne,
Les plus nobles pensées dans les têtes se brouillent.

Pourtant si l'on savait comment il devint prince !
C'est derrière une porte au vieux loquet qui grince
Qu'il trouva le saphir dont sont charmées les âmes.

Amené par hasard dans un souterrain fade,
Il trouva le joyau dont s'élancent des flammes
Et c'est ainsi que débuta sa mascarade.

L'engagement du poète

Le poète engagé disparaît dans la brume,
Il se débat sous l'eau tumultueuse et prend
Les algues qu'il déchire et son cœur âpre est franc
Quand la colère fend sa pauvre âme qui fume.

Le désespoir saisit comme un excès d'écume
L'artiste effarouché face au trou dans l'écran
Qui laisse transparaître un monstre dont le rang
Surplombe l'être humain et dont l'œil roux s'allume.

Se débattant en vain contre ses tentacules,
Le preux réformateur tance les ridicules
Qui refusent d'aider son projet d'un soir grand.

Seul face au destin sombre il voit les feux qui brûlent
Et maudit les esprits qui d'un air hilarant
Semblent vouloir que ses œuvres d'un coup s'annulent.

Quatre saisons

L'hiver froid se peuple de neige,
Le vent glacé souffle sur tout
Son désir lourd que rien n'allège,
Son désir lourd posé partout.

Le printemps voit fleurir l'air même,
Le monde inondé de parfums
Se remplit d'or et se parsème
D'étoiles parmi les prés bruns.

L'été répand son feu sur Terre ;
La vapeur chaude autour de moi
Et les éclairs dans la lumière
Jettent sur mon cœur comme un poids.

L'automne fait rougir les hêtres ;
La brume assombrit le soleil
Et les fantômes des ancêtres
Semblent sortir de leur sommeil.

Tu venais comme Nymphe

Tu venais comme Nymphe, et tes baisers d'éclat
Transpiraient de blancheur sous l'arbre aux nœuds énormes,
Tes mains entraient tentacules dans mon corps las
Déployant les rubans légers de fine forme

Que les mages envoient dans les nappes d'éther
- Et voici qu'une étoile ainsi qu'un souffle d'or
A lui dans ma poitrine et que l'intime mer
A capté les rayons d'un nouvel astre au nord.

Ton visage brillait tout près sous mes baisers,
Et ton œil pénétrait ma pensée et mon âme,
Et tes bras m'entourant étaient fils irisés
Dont un vent inconnu fit s'élancer les flammes.

Autour de nous le chant des Gandarvas bruissait
Et leur secrète haleine aux parfums indistincts
Faisait frémir ta joue, où mes yeux se posaient.
Et j'ai vu soudain luire un singulier matin.

Changement

Tu changeas quand tu vis s'effondrer sous tes pas
Le sol cru par ton cœur jadis juste et solide,
Car la peur engendra dans ton âme torpide
Le visage d'un monstre effroyable à vingt bras.

Et tu te vis tiré dans les âpres crevasses
Où l'air tourne en criant jusqu'aux profondeurs pâles,
Où nul ne put jamais revoir aucune étoile,
Où volent sans répit les vivantes angoisses.

Mais soudain un portail de feu terrible et fier
Se montra devant toi, la gueule d'un dragon,
Et tu pensas mourir dans ce nouvel enfer.

Entré, tu ressortis ; comme du creuset l'or,
Se déversa l'argile au gré du parangon
Qui sous la terre brille, émondé de la mort.

Ode à Bastet

Ô Bastet, reine auguste et noble de nos chats,
Bon ange sur la Lune, et flamme de leurs yeux,
Tu jettes dans le cœur d'hommes rendus heureux
Ton amour et ta grâce - et créant leur rachat
Lorsque Osiris après leur mort pèse leurs âmes.
Ô déesse, à ce dieu d'émeraude tu lies
Ta volonté sacrée, à son œil tu te fies :
Et ton regard est vert lorsqu'il luit en la trame
De l'Espace et du Temps et qu'il revêt le monde
D'un manteau scintillant de verdure et doré.

Tu reflètes aussi, sur tes membres cuivrés,
La puissance de Râ, en sa lumière blonde :
Il te donna naissance, et tu naquis de lui :
Son amour prit ta forme étoilée et soyeuse,
Se mit dans la souplesse étrange et lumineuse
Qu'on voit chez tous tes fils, les chats dont chaque œil luit
Sur les genoux de neige et luisants de la Vierge,
De cette dame au front couronné de mille astres
Et pour qui notre Lune est comme des pilastres
Qui soutiennent son trône, et chaque étoile un cierge,
Pour qui le Soleil même est un joyau sublime,
Éclatant sur son sein, et semblable à l'Enfant
Qui de son lait nourrit son corps toujours vivant.
Sur ces genoux d'argent, donc, comme sur la cime
Dépassant tout nuage au regard des humains,
Tu ronronnes toujours parmi les cent splendeurs
Dont s'orne son palais - entourée de chaleur,
Remplie de volupté sous l'éclat de ses mains.

Ô forme de l'amour dont vibre l'univers,

Ô Bastet, prends bien soin de nous et du chat blanc
Qui dans notre maison est tel qu'un diamant,
Tant nous l'aimons, tant devant lui luisent les airs !

Noël actuel

Illustration évangélique

L'enfant de l'espérance à Noël peut renaître ;
Au cœur de la nuit noire une étoile a paru.
Les mages voient aux cieux le flambeau disparu
Et suivent le doigt pur qui leur montre leur maître.

L'enfant contient en lui la forme des étoiles,
L'éclat sans nom et chaud des astres du ciel pur ;
Des anges vont veillant devant l'étonnant mur
Qui l'abrite du froid et lui crée comme un voile :

Car l'œil du mal et des démons, des mauvais princes,
Le cherche dans la nuit pour lui voler son or,
Lui prendre ses vertus, arracher ses trésors,
S'emparer de son être en refermant leurs pinces,

En saisissant son feu divin qui luit et brille,
En supprimant des cieux ce don pour l'être humain,
Pour tous ceux qui sur Terre ont leur vie, et demain
Seront privés de corps par la triste faucille

Que manie âprement l'ange pâle aux yeux d'ombre
Que l'on nomme la Mort. Je dis, donc, que les rois,
Voulant être immortels, ont énoncé des lois
Dans leur royaume obscur, dans leur empire sombre :

Et voici ! la magie a suscité des braises
Qui volent dans les airs, rasant le sol qui meurt,
Et cherchent dans la nuit cette grande lueur
Dont peuvent se gravir les plus hautes falaises

- Jusqu'à celle menant à la vie éternelle,
À l'immortalité : l'ultime royauté
Même s'acquiert par elle, et sa pure beauté
Crée ainsi le désir, comme fait l'étincelle.

Ces feux mus par magie ont leur volonté propre ;
Ils vont par monts et vaux pour quérir l'Enfant-Roi
- Spectres obscurs, regards qui marchent dans l'air coi,
Sortis par les sorciers d'un sépulcre malpropre,

Arrachés aux tombeaux par les mages des princes
Et dirigés par l'art fabuleux mais pervers
De ces sages payés par l'orgueil des enfers,
Par l'ambition rude et qui prend dans ses pinces

Tout roi dont l'amour-propre a vaincu le bon ange,
Tout homme qui s'efforce, en usant de ses bras,
De franchir le seuil d'or des cieux même en fracas,
Par ses propres moyens, dans sa folie étrange !

Mais les mages de l'Est à l'âme si pieuse
Sont arrivés au seuil de la crèche sans nom
Que gardent dans la nuit de l'orgueil des démons
Les anges bien armés de leur paix lumineuse,

De leurs lances dorées que les dieux leur donnèrent,
De leurs ailes d'argent dont le Ciel les orna,
Ces mages d'Orient, dis-je, en qui résonna
La voix pure du Bien sortant de la lumière,

Ces hommes au cœur saint vinrent rendre un hommage
Incomparable au bel enfant qui rayonnait
Dans cette étable aux bœufs que cet astre étonnait,
Aux ânes qu'étonnait de voir chacun des mages.

Et la mère était là, comme l'aube de lys,
Créant des fleurs sur le gazon devant l'entrée
De son souffle enchanté, dans ses voiles serrée
Paraissant la déesse ailleurs nommée Isis.

Son haleine d'Éden ramenait le temps pur
Que l'on croyait perdu, le lac reprenait vie,
Et le monde surpris, de sa mine ravie,
Saluait vers son sein l'or des siècles futurs.

La Vénus de l'estomac

Vénus, mon estomac t'habite et même abrite
Ta chère volonté – tes fées hermaphrodites.
Ô Vénus, ton amour accueille tout un monde
Et dissout ce qu'il prend dans sa lumineuse onde.
L'âme du végétal, de l'animal vaillant,
Et du minéral, même – est mêlée en riant
Dans la mer infinie où tu vogues toujours ;
Et puis quelque rivière alors naît, et son cours
Tombe ainsi que d'un mont une blanche cascade.
Cette liqueur divine et comme sidérale
Est dorée, et bientôt jusqu'à terre et vers moi
Elle coule et meut l'or dont se ceint tout vrai roi.
Oh, dans mon âme obscure elle jette son feu,
Et tout là s'illumine, et soudain le ciel bleu
Recouvre mon esprit perdu dans les ténèbres
Et ne voyant au loin que cortèges funèbres
– Flammes pour les héros, tombes pour les martyrs,
Sépulcres pour les saints su zénith au nadir !
À la source de l'eau mon œil voit la déesse
– Ou bien est-ce quelque ange, ou ce dieu qui ne cesse
De rendre à l'univers la vie qui s'en échappe ?
Qui nageant sous le masque effrayant et la chape
Que le sensible arbore, abreuve de liqueurs
La Terre agonisante et réchauffe son cœur
– Lui rendant ses enfants, que sans cesse elle perd ?
L'amour pour ce monde âpre alors renaît des mers
Où mon moi se noyait, et par ta grâce, ô reine,
Je me sens accueillant de nouveau, dans ma peine,
Pour ma destinée triste et les flèches du sort,
Pour le prix des péchés et le coût de la mort,
Pour les mornes désirs du monde périssable,

Pour mes fautes sans nom aux couleurs effroyables.
Ô reine, ô ma Vénus, dont l'étoile qui brille
Au fond de l'horizon a ses rais qui scintillent
Au fond du ventre impur que m'ont donné les dieux ;
Ô ma reine, ô Vénus, dont l'astre au sein des cieux
Vient poser sur mon front une fée dont les traits
Répondent en tout point aux tiens, dont on dirait
Qu'ils sont les plus remplis de splendeur dans leur forme,
Si justement la beauté de ta stature énorme
N'était le vrai modèle incomparable et pur
Que le père divin fit jaillir de ses murs ;
Ô reine, Vénus noire au pubis étoilé
Dont les yeux effrayants restent pour moi voilés,
Tu trônes au-devant de l'ultime zénith,
Et filtrant sa lumière en un tonnant hadith,
Tu te tailles le feu dont éclate la vie,
Dont aussi toute chose autrefois asservie
Commence à se mouvoir librement dans l'espace,
Ô reine, ô créatrice, ô mère dont la trace
Est suivie de tout cœur aimant les dieux, au monde,
Notamment quand son or brille le soir dans l'onde.
Chaque membre que j'ai par ton amour s'anime.
La fée qui est ta fille est vivante en mon corps,
Et tes yeux rayonnants rendent mes deux bras forts.
Je te contemple avec amour et sans limites :
Sur la cascade, au sein du ciel où tu habites,
En statue animée tu te tiens, si lointaine,
Et si pure, et si noble et si mêlée à l'or ;
Oh, pardonne, ô ma reine, à mes fautes qu'encor,
En te voyant, et en parlant, je puis commettre,
Prétendant révéler une vaste déesse,
Et ne pouvant user que de mots dérisoires
Pour que leur pauvre sens ne paraisse illusoire :
Bien au-delà des mots ta gloire s'illumine

Sur le Ciel et la Terre et souvent tu fulmines
Contre les écrivains et les mauvais poètes
Qui dans les feux confus de leurs grotesques têtes
Prétendent de tes traits exprimer quelque chose.
Ton amour cependant emplit tout, et la cause
De la vie organique est en toi, ô ma reine.
Entre donc en mon âme et dissous-y ma peine,
Et refais par l'art noble et méconnu des Nains
L'estomac dont je sens que le raclent des mains
Que mes péchés laissent monter des profondeurs
– Que le rongent des dents source de mes malheurs,
Et dont s'orne la bouche hideuse de démons ;
Que tes guerriers dont l'arme est d'or fondent des monts
Dont est fait mon pays, et qu'ils viennent pour moi
Combattre avec ardeur et selon tes vraies lois
Les monstres accourus dans mon âme et mon aire
– Et ma maison, et mon royaume, et ma lumière.
Ô Vénus, ô ma reine, à l'infini j'adore
Ta majesté, je la vénère - et donc j'abhorre
Tout ce qui peut lui nuire. Aie donc pitié de moi ;
Que m'épargne en ce jour la rigueur de ta loi.

Ode à Mercure

Mercure – ange ou dieu qui commande aux changements
Qui surviennent dans l'ombre et l'énigme des choses ;
Être qui le matin surgit parmi les roses,
Brille au bas du ciel pâle, et parle aux éléments –,

Mercure, par ta grâce et tes dons je digère
Ou bien ce que je mange, ou bien ce que j'entends,
Ce que je vois, ce que je bois, ce que je sens,
La part d'ombre du monde ou sa part de lumière.

Mon estomac te loge et tu peux vivre en lui,
Si je t'accueille et t'aime assez, dans ta souplesse ;
Et dès lors le désir ou la peur, la détresse
Que je sens dans mon âme, où ta baguette a lui,

S'écoulent doucement et disparaissent comme
Dans un brouillard la forme effroyable d'un champ
De bataille ; et le soir quand s'estompe le chant
Qui monte du temple a le même effet sur l'homme.

Mercure, ange ou dieu qui commande aux éléments,
Ainsi qu'aux changements qui surviennent dans l'ombre
Et l'énigme du monde, et dont le regard sombre
Voit la vie et la mort en leurs âpres tourments ;

Tu gardes le seuil d'or et la porte de feu,
Et veilles sur le corps et ses métamorphoses,
Et quand l'âme évolue en le secret des choses,
Ta main et ton bâton brillent d'un éclat bleu.

Le matin tu surgis juste avant le Soleil,
Tu demeures un temps, luisant dans le ciel rose,
Et ton œil qui s'allume émeut comme sans cause
Celui qui sort du somme et pénètre l'éveil.

Par toi de l'aliment l'esprit dissimulé
Est tiré dans le ventre et diffusé dans l'âme ;
Tu sépares soudain, comme armé d'une lame,
Ce qui semblait fondu, ce qui semblait mêlé.

Des éléments vivants déchaînés dans mon cœur
Hurlent différemment leur ineffable joie,
Et ceux des animaux s'en vont ronger mon foie
De leur sombre amertume après l'âpre douleur

D'avoir été tués pour m'emplir l'estomac,
D'avoir connu le fer entrant dans leur nature,
Me préparant, malgré la bonté de Mercure
Aux cent grâces connues, un terrible karma.

Car tu peux adoucir les peines à venir,
Noble entité divine aux yeux perclus de flammes,
Maintenant sous tes mains le tourmenteur des âmes
Aux trois serviteurs laids que ma peur doit nourrir.

Et ton filet doré, tissé de purs rayons,
Enserrait de ses nœuds les corps de ces trois bêtes,
Domptait leurs membres fiers, tenait basses leurs têtes,
- Leurs crânes sans beauté de difformes démons.

Et je sens dans mon ventre agir depuis le ciel
Une étoile qui brille au bas du pâle espace ;
L'horizon rapproché fait flamboyer la grâce
De cet astre béni sur mon être mortel.

À ton front ce joyau scintille, et toi, dieu pur,
L'arbores comme un roi dont le visage est fier ;
Ses rayons d'argent vif vont pénétrant la mer
Pour y forger les dons de l'univers futur.

Car voici que par eux tout tout se mêle et transforme,
Les plus lourds éléments s'envolent sans peser,
Les éléments légers touchent sans se briser
Le sol le plus rugueux de notre sphère énorme.

Des nœuds que tes fils nouent, tu refais des fils libres,
Tu dissous les grumeaux que pétrissent tes filles,
Des groupes en chaos tu refais des familles,
Tisses dans les troncs noirs les ondoyeuses fibres.

Messager des hauts dieux, au seuil de leur royaume
Tu tiens ton sabre orné de joyaux lumineux
Et dont l'éclat est tel qu'il semble fait de feux,
Gardant leur porte claire et l'entrée de leur dôme.

Mais aussi tu permets aux mortels de gagner
Ces hauts lieux en jetant de ta main le sel gemme
Dont un pont se bâtit pour les gens que tu aimes,
Coloré de sept tons que tu fais s'aligner.

Sur ce chemin divin, prismatique et brillant,
Tu viens rendre la vie à ceux dont ton amour
Fait palpiter ton buste, et revenir le jour
Quand leur âme en la nuit s'en allait défaillant.

Ta main tendue est chaude, et dès qu'on la saisit,
On sent agir sur soi les huit métamorphoses
Dont le corps devient d'or et se remplit de roses,
Et le rire survient dans les membres transis.

Oui par toi la chair pauvre acquiert soudain la gloire,
Oui par toi l'or paraît du plomb profond et noir,
Oui par toi le charbon prend les teintes du soir
Avant de devenir le cristal dont se moire

Le corps des bienheureux, tout surprenant que soit
Ce récit merveilleux que ne croiront sans doute
Pas les esprits rassis qui ne suivent la route
Que dans le sens contraire aux secrets de ses lois !

Poèmes
illustrant des tableaux de
Myriam Israël-Meyer

I

Virginale exultation en blanc et bleu

Couple au rouleau sacré dans des couleurs bleutées,
Tu vois se dérouler ce qui déjà consacre
L'avenir enchanté qui suit l'amoureux sacre :
L'homme agit en riant : les formes affrétées
De la femme qu'émeut l'étrange perspective
Lient l'image à la joie écrite en langue sainte :
L'énigme sous le voile apparaissant sans feinte
Aux rayons de la Lune, et montrant l'autre rive.
Homme et femme forgés d'éclairs blancs dans l'air bleu,
Avec vos vêtements et le livre qu'un feu
Sans pareil autrefois écrivit, vous luisez ;
La Terre en son abîme éblouissant vous couvre
De ses vertus teintées ; cette nuit, scintillez,
Enfin libres amants, et que l'or vous recouvre !

II
Danse hassidique (nocturne)

Dans la nuit de leur bal les danseurs sont des astres ;
S'enroulant tout au long de la route mystique
Qui toujours monte et fuit, loin de tous les désastres,
La joie emplit les corps dans cet air fantastique :

Les sons que fait sortir de son instrument d'or
Quelque mage invisible ont la faculté vraie
De changer en joyaux, comme au sein d'un trésor,
Les mortels embrassés dont la danse est si gaie.

Les vivants et les morts sont des couleurs luisantes
Sous l'arche universelle, et des flammes brillantes
Qui dans l'obscurité constellée se détachent ;

La spirale du monde enlève le cœur pur
Qui voue aux mélodies l'amour teint dont s'arrachent
Les âmes éblouies de notre sol trop dur.

III

Violons jouant parmi les flammes

Cinq violons dans des nappes de feu
Chantent le chant du mythe et du mystère ;
Quel est ce mage, ô peintre, au chapeau bleu,
Dont le pouvoir est au cœur de la terre ?

Hiram, ô fèvre, est-ce toi que dessinent
Ces gens d'esprit qui manient l'instrument ?
Cette figure étrange que raffinent
Les tons de flamme est-elle un firmament

Ou les piliers d'un temple anéanti,
Mais dont le spectre, en cristal ralenti,
Brille toujours à l'œil qui te contemple ?

Ces vents vermeils mêlés d'or qui s'élèvent
Sont l'air qu'au Ciel, en un mouvement ample
De fins archets, font monter mille rêves.

IV

Maître aux deux lutins bruns

Ces deux qui vont courant, n'est-ce pas des éclairs ?
En bas ces noirs lutins dansent pour saluer
Le meneur du mystère, et non pour le huer,
Si ce n'est en riant, agitant dans les airs
Leurs bras d'insectes bruns ; mais lui dont le manteau
A l'éclat de l'azur qui flamboie à ses hanches,
Marquant l'aura luisante autour des cuisses blanches,
Lui qui vient d'un ovale ouvrant sur un château
Où demeurent les saints au corps incorruptible,
A le chapeau royal qui le rend l'indicible
Maître des éléments et de leurs esprits vifs.
Tel Salomon, voici ! trois mages le soutiennent,
Aux anges, s'amusant, des enfants impulsifs,
- Car la joie est présente où les chants se maintiennent.

V

Trois danseurs dans un air d'émeraude

Trois danseurs se suivant dans un air d'émeraude
Tout semblable à de l'eau : c'est l'éther qui scintille
Et se remplit de vie et de musique chaude,
Quand de leurs instruments sortent des sons en vrille.

Marchant loin au-dessus du sol, ont-ils des ailes ?
Ils vont sur le chemin d'une grande harmonie :
La couleur de l'amour, de flammes éternelles
Les entoure en riant, et leur course est bénie.

Ô mages transformés en images heureuses,
Vos habits sont teintés de vertus lumineuses,
Et le monde entraîné par vos pas s'ébahit :

Le bonheur sur vos traits se reflète et la joie
Retourne dans vos cœurs que jadis l'on trahit ;
Car cette fête est celle où l'Esprit se déploie !

VI

Violoncelle au pantin pur

Voyez cet instrument : n'est-il pas plein de sang ?
Et ce pantin qui joue, est-il un spectre pur,
Un robot que créa l'ange au sein du futur
Pour emporter les cœurs dans son élan puissant ?

Montent vers les hauteurs, en se fondant dans l'air
Qui rayonne de feu, que fend un éclair d'or,
Les êtres nés du sol où demeure la mort,
Et la musique ainsi sauve du sombre enfer

Les esprits des aïeux et la blancheur des vierges,
Les fantômes luisants que ceignent mille cierges
Et qui planent derrière et par dessus les gens.

Prestige insigne ! et la magie est sans pareille,
D'un outil qui palpite, et dont les si beaux chants
Emportent tout chaos vers la vive merveille.

VII

Maison livrée au vent

Quelle maison, sur la haute colline ?
Quels sont ces trois, qui se tiennent devant ?
Des violons une voix argentine
Sort en pleurant, mais de joie ; et le vent
Enroule l'air qui semble scintiller :
Voici le rouge et son archet s'envole ;
Puis c'est le jaune, et son bras fait briller
Le son soudain pareil à la parole.
Le joueur blanc en règle la mesure ;
Est-ce naissance ? Ou noce chaste et pure ?
Des profondeurs de la montagne sainte
Comme un grand arbre a jailli la demeure,
Temple magique où quelque énigme est peinte,
Où des mortels vivent une étrange heure.

VIII
Mariage à la houle sainte

Ô joie immense et vraie ! ô chant pur et sacré !
Ô lecture vibrante et pieuse du Livre
Que l'on a déroulé pour en faire revivre
Les mots jadis de feu, d'un ton tout pénétré !

Et l'on penche déjà, car ces formules saintes
Vont enivrant les cœurs et les soulèvent d'aise ;
Le souffle qui surgit éveille-t-il la braise ?
Déjà penserait-on aux futures étreintes ?

On chavire et c'est comme au plus fort d'une houle,
Mais sur ce blanc navire on voit plutôt la foule
Danser enthousiasmée qu'avoir peur de la nuit :

Eh ! rien qu'on doive craindre : un bonheur assuré
Se décèle en l'élan dont la vierge reluit,
Prête à saisir le nœud de ce fil désiré.

IX

Homme doré au rouleau de feu

Tu marches, messager, portant la lettre étrange
Qui scelle les destins quand elle est lue à voix
Haute et claire ; et le feu dont sont faites ses lois
Inonde ce rouleau que te légua quelque ange !

Toi-même, en ce moment, l'or te couvre et bénit
Tes membres, que tu tends vers une heure nouvelle ;
Ta barbe est de lumière, et l'on voit presque une aile
Flamboyer à ton front, qu'habite un pur esprit :

Ta couronne assez marque à tous ce que tu livres,
Ton œil humble est ému, car le prince des livres
Transporte entre tes bras le dieu dont tout se fait ;

Et derrière, on dirait l'assemblée des génies
Ayant pris forme humaine, et vivant sans effet
Dans le brasier brûlant dont tes voies sont émies.

X

Mystes sous Arche

Quatre mystes d'aspect tant sobre qu'anodin,
Dans leurs habits du sacerdoce israélite,
Conversent sous un arc lunaire et puis soudain
L'esprit descend d'un point que jaunit quelque rite.

Le cristal brille au sein de l'ombre et de la nuit ;
C'est la montagne étrange aux ailes qui recouvrent
(Ainsi qu'un tabernacle où l'air d'albâtre luit)
Les sages disputant des époques qui s'ouvrent.

Embrumés, les contours de leur corps transparent
Disent assez, à l'œil charmé par cet écran,
Que l'élan de leur âme est constellé de feux ;

La neige d'hiver montre un désordre d'étoiles ;
Des nuages teintés et noirs sont dans les cieux :
De l'éternel axe invisible ils sont les voiles.

XI
L'épreuve de la Connaissance

Méditant face au mur de l'immense Cité,
Le vieillard se demande où son dieu s'est enfui ;
La barrière du monde est totale et seul luit
L'air qui s'élève autour de ce vide habité :

Le mystère splendide au fond de l'intellect
Est cet éclat sensible au-delà de tout seuil ;
À quoi bon face à l'être innommable ouvrir l'œil ?
Toujours inaccessible, il fuit le mot abject.

Jusqu'aux cieux la paroi se dresse, et c'est derrière,
Où nul mortel ne va, qu'est la pure lumière ;
Le mage la reflète en songeant à cela.

Le sens de l'univers dans ce néant se trouve ;
La sagesse sans fond dont la loi se scella
Devant l'énorme obstacle à chaque instant s'éprouve.

XII

Plis de l'ombre à l'oiseau bleu

La paroi se replie : elle était notre seuil.
Le mur bleu de l'éther s'ouvre au regard figé.
Les pans glissent dans l'air, se dévoilent à l'œil.
Un peuple d'aïeux saints surgit, l'air dirigé
Vers le souvenir pur que l'âme a ravivé,
Lignée, enfants du père, ô vision célèbre !
Et voici ! dans la bulle ouverte est arrivé
L'esprit multiplié germant dans la ténèbre.
Le signe de l'oiseau, saphir que rend vivant
L'éclair blanc né d'un astre, a produit la merveille :
L'image étrange en est de flamme, et sans pareille.
La faille en feu du haut laisse paraître au vent
La troupe consacrée, et soudain la matière
Semble confusément se gonfler de lumière.

XIII
Rosh Hashana

Célébrez-vous, dans ce flot bleu rempli d'argent,
Patriarches nouveaux, la naissance du monde ?
Votre esprit vous rend d'or au visage sous l'onde
Qui se forme de vous, dont vous êtres régent.

Les plis de ce tableau, dont l'ampleur est cosmique,
De la volonté pure acquise aux vrais adeptes
Sont les vagues flambant de l'ardeur des préceptes
Énoncés par celui dont l'art fut magnifique :

Un seul mot fait lever dans les airs les fidèles
Emportés par leur cœur que soudain munit d'ailes
La merveille du chant qu'on prononce à cette heure ;

Et leurs mains de géants plongent dans l'éther rouge ;
Ils manient la couleur, pénétrant la demeure
Où la vie est substance, où tout constamment bouge.

XIV
Rouleau & flammes

Ô rouleau ! Violon ! Couleurs ! Flammes ! Visage...
Indistincte vivacité d'un cœur de feu
Qui remplit chaque note et luit dans le ciel bleu :
Les teintes du soleil ont jailli vers un mage
Depuis les profondeurs, éloignant le rayon
Et l'éclat rutilant de la lune ternie.
Des lanternes de l'homme a surgi l'harmonie
Et la face s'envole en traçant un sillon
Que suivent sans faillir des adeptes captés :
Ils ne peuvent contrer ses trop pures beautés.
Ô la mélancolie est tendrement humaine,
Que l'on voit dans les yeux, ouverts sur leur azur,
De l'artiste enchanteur à la main qui nous mène
Loin des pâles blancheurs qui sont là comme un mur !

XV
La Reine de Saba

Sans visage, ô des fées jadis la reine insigne,
Tu parais, car tes traits sont indistincts aux yeux
Tant ta beauté sans nom semble venir des cieux,
Par delà le regard, où te figure un signe :

Lisse ainsi qu'un mystère auguste des étoiles,
Ta face est le reflet du pur éclat d'un dieu ;
D'argent est ta parure, et l'or en tout lieu
Y scintille en flambant, vif sur ces brillants voiles.

Ô lune de ces temps où les vraies Immortelles
Vivaient sur terre avec au dos d'étranges ailes
Que projetaient des feux flamboyant de leurs fronts,

Voici ! le violon ravive ta couronne
En te berçant d'en haut d'éblouissants rayons,
Tandis que ta suivante aux mots divins se donne.

XVI
Ronde autour d'un centre

Ces ombres qu'a blanchies l'obscurité totale
Sont dans leur ronde astrale un peuple de fantômes ;
Leur danse a projeté les feux de deux royaumes
Sur leur costume étrange au reflet clair mais pâle.

Débordant de la Terre, un éclat rouge ou vert
Marque la lutte occulte et la force des âmes
Ainsi que le désir d'insérer dans la trame
De la matière aveugle, afin d'en remplir l'air,

L'amour qui tourne autour de l'unique instrument
- Qu'il s'ordonne pour l'homme et soit le fort ciment
De ses lois, à partir d'un rêve aux formes lestes !

Comment restituer ce monde où tout prend vie ?
De braise, l'objet saint livre des airs agrestes
Et l'œil s'en illumine, et fait que l'on s'y fie.

XVII
Six mages faisant une ronde

Six mages lentement tournent dans un espace
Blanc, et leurs fins contours montrent leur bon allant,
Car ils vont dans leur cercle ainsi qu'en leur élan
Cheminent les sept Nains en suivant à la trace
Le Lys qui dans les cieux fait briller son argent
Et projette sa neige aux confins des étoiles,
Distribuant ses feux en lançant sous ses voiles
Les astres dont naîtra quelque angélique gent.
Alternant rouge et bleu, le rouleau merveilleux
Est un magique agent ; les Six lèvent les yeux,
Attendant le rayon qui viendra d'un septième.
Leur air terrestre est saint ; qui dit qu'ils sont comiques ?
Ils sont naïfs comme le peuple qui les aime,
Admirant sans détour leurs rondes fantastiques.

XVIII

Ronde d'un soufre et de trois sels gemmes

La ronde a pour principe un danseur passé maître :
Le soufre le traverse ; il le conduit d'un geste.
Il a les pieds soudés sur le sol, bien que leste :
La flamme en jaillit, rouge : on la voit du bleu naître.

Tanguant, trois, tout pareils, mais de sel gemme, et blancs,
Se laissent envoûter et gagner par le feu ;
Leurs membres sont luisants : des idoles d'un dieu
N'auraient pas ce teint lisse et la lune à leurs flancs,

Tels qu'ont ces messagers (comme on nomme un adepte) ;
Qui ne décèle ici que la tache est inepte :
La puissance insondable et vermeille du jour

Embrase en s'imbriquant le fond du côté gauche,
Formant une montagne ; et le lys fait la tour
Qu'à droite en un brasier montre l'ardente ébauche.

XIX
Vieil hassidique

Le mage en bleu guide l'aveugle en blanc
Au pied du mur qui se dresse embrasé :
La chaleur d'or est l'opale qu'au flanc
Du dieu très haut des anges ont posé.

Le vieillard sage a le coude appuyé
Sur le cristal d'une stèle invisible ;
Par ce moyen, rêvant émerveillé,
Il songe à tout ce qui reste indicible.

Prenant la main d'un mortel ordinaire,
Il lui transmet cette étrange lumière
Qui du rempart infini là ruisselle ;

La canne courbe alors s'en affermit :
Le cœur émet, en un battement d'aile,
Le mot sacré qui demeure interdit.

Sommaire

www.ingramcontent.com/pod-product-compliance
Lightning Source LLC
La Vergne TN
LVHW010334200726

843507LV00010B/1489